Ingolstadt

Text
Theodor Müller (†)
Siegfried Hofmann

Fotos
Roman von Götz

SCHNELL & STEINER

Abbildung auf der vorderen Umschlagseite:

Blick aus der Griesbadgasse zur Westfassade des Münsters mit den übereckgestellten Türmen

Abbildung auf der rückwärtigen Umschlagseite:

Gewölbefiguration im Münster

Abbildungsnachweis:

S. 30 Stadtarchiv Ingolstadt; S. 45 Bayerische Staatsbibliothek München; alle übrigen Aufnahmen Verlag Schnell & Steiner, Regensburg/Roman von Götz, Regensburg (der Abdruck auf S. 62 – 63 erfolgt mit freundlicher Genehmigung der Bayerischen Verwaltung der staatlichen Schlösser, Gärten und Seen, S. 24, 25, 26 rechts unten, 56 unten, 57 mit freundlicher Genehmigung der Bezirksfinanzdirektion München, Außenstelle Ingolstadt)

Die Deutsche Bibliothek - CIP-Einheitsaufnahme

Ingolstadt / Text Theodor Müller ; Siegfried Hofmann. Fotos Roman von Götz. - 4., vollst. überarb. Aufl. - Regensburg : Schnell und Steiner, 1998
(Große Kunstführer ; Bd. 24)
3. Aufl. u.d.T.: Müller, Theodor: Ingolstadt
ISBN 3-7954-1128-9

4., vollständig überarbeitete Auflage 1998 ISBN 3-7954-1128-9

Diese Veröffentlichung bildet Band 24 in der Reihe „Große Kunstführer" unseres Verlages.
Begründet von Dr. Hugo Schnell † und Dr. Johannes Steiner †.

Leibnizstraße 13, D-93055 Regensburg
Druck: Erhardi Druck GmbH, Regensburg. Printed in Germany
Satz und Lithoherstellung: Rahn, Visuelle Medientechnik GmbH, Regensburg

Theodor Müller

INGOLSTADT

Straßenbau und Eisenbahnnetz vermochten bis zur Gegenwart die von der Natur vorgezeichneten Wege der Wanderung und Voraussetzungen für die Wahl der menschlichen Wohnstätten nicht zu entkräften. Am Luftbild kann man ablesen, daß Ingolstadt seine Entstehung der Kreuzung einer den Lauf der Donau seit je begleitenden West-Ost-Straße mit jener anderen vom Norden nach Süden oder vom Süden nach Norden strebenden Straße verdankt, die hier die Donau überschreitet. Allerdings war der Fluß in alter Zeit nicht so „eingleisig“ wie heutzutage, sondern in mehrere Arme zerteilt, wobei der Hauptstrom südlicher verlief. Die Ufer waren Schwemmland, und erst der Rand dieser Niederung bot festen Siedlungsboden. Dieser Raum war nach Norden durch den Bogen des Jura abgeschirmt, in den die Römer ihren Grenzwall eingefügt haben. Zahlreich sind hier die Spuren römischer Niederlassungen. Ingolstadt reicht aber nicht bis in diese Zeit zurück. 806 ist in einer Teilungsurkunde, in der Karl der Große für den Fall seines Todes Verfügung über Baiern und den Nordgau trifft, ausdrücklich von dem an der Grenze dieser beiden Bereiche gelegenen Kammergut „Ingoldesstat“ die Rede. Seit 841 waren nachweislich Teile dieses Hofgutes im Besitz der Benediktinerabtei Niederaltaich. Ältestes Dokument der künstlerischen Kultur ist ein aus Ingolstadt stammendes karolingisches Prachtevangeliar, eine Arbeit der Schule von Fulda, in der Münchener Staatsbibliothek.

Die früheste Marktsiedlung wird man wahrscheinlich im Südwesteck des Altstadtkernes vermuten dürfen, auf dem Nordufer der Schutter wenig abgerückt von dem Knie, das deren Lauf

Das kleine Stadtmodell von Jakob Sandtner, 1571 im Auftrag der Stadt entstanden (Stadtmuseum Ingolstadt)

dort macht. Hier stand ein Georgskirchlein als Wittelsbachische Eigenkirche. In der Frühzeit des 13. Jahrhunderts verdichten sich die überlieferten Nachrichten von Ereignissen, die das Gesicht der Stadt bis heute geprägt haben. Mit der Übernahme der Schirmherrschaft über das Kloster Niederaltaich durch die Wittelsbacher kam 1242 auch Besitz des Klosters in Ingolstadt in die Hand der bairischen Herzöge. In diesem Bereich lag die älteste Stadtkirche, in der Frühzeit des 13. Jahrhunderts erneuert und 1234 geweiht. Ihr Patron ist bis zum heutigen Tag der heilige Mauritius, der zugleich Schutzpatron von Niederaltaich ist und dessen ritterliche Gestalt auch auf den ältesten Siegeln von Ingolstadt zu sehen ist.

Vor allem Herzog Ludwig II. der Strenge (1255/94) hat die Stadt und ihr Wachstum sehr gefördert, indem er sich hier auf dem festen Gelände nördlich der Einmündung der Schutter in die Donau-Niederung eine Burg errichtete. Es war der heute noch erhaltene sogenannte Herzogskasten, ein dreigeschossiger Bruchstein- und Backsteinbau auf rechteckigem Grundriß, dessen aufragender, wortkarger Erscheinung man die trutzige Stärke der Mauern anspürt, wobei die Ausbreitung der mit Lisenen gegliederten Treppengiebel auf den Stirnseiten des hohen Satteldaches wohl erst im 14. Jahrhundert geschehen ist. Ein bedeutendes frühes Beispiel des monumentalen gotischen Profanbaues in Bayern.

Westlicher Giebel des einstigen Palas der herzoglichen Burg mit dem Chörlein der ehemaligen Burgkapelle („Herzogskasten"), 13./14. Jahrhundert

Damals erfolgte auch die erste Umwallung der Stadt. Ihre straffe Rechteckform verrät jene Planmäßigkeit der Anlage, die für die Stadtbaukunst und Fortifikation des 13. Jahrhunderts charakteristisch ist. Die West-Ost-Straße und die Nord-Süd-Straße bildeten ein rechtwinkliges Achsenkreuz. Der Verlauf der damaligen Stadtmauer ist an entsprechenden Straßenzügen noch heute eindeutig abzulesen. Im Süden: gleichlaufend mit der Schutter, und zwar nördlich von dieser, in der Fluchtlinie des ehemaligen Höllbräugäßchens, jetzt der Josef-Ponschab-Straße, nach Osten verlängert bis zum Herzogskasten. Im Westen: Goldknopfgasse bis Kupferstraße. Im Norden: gleichlaufend mit der Kupferstraße-Schrannenstraße-Holzmarkt (und zwar südlich von diesen). Im Osten: gleichlaufend mit Oberhäuserstraße–Hallstraße (westlich von diesen). Die Südostecke dieses „castrum" war der Herzogskasten.

So hat das 13. Jahrhundert den Grund für die städtebauliche Erscheinung gelegt. Was vordem bestand, wurde von dem Wachstum der Stadt aufgesogen. 1275 wurde ein Minoritenkloster gegründet, und zwar – wie es für Bettelorden typisch ist – vor der Stadtmauer nahe dem nördlichen Auslaß. Ab 1319 folgte vor dem südlichen Auslaß der mächtige Bau des Spitals, gestiftet durch Ludwig IV. den Bayern, der 1328 zum Kaiser gekrönt wurde.

Das 14. Jahrhundert wurde eine Zeit großen Aufschwunges. Gewerbe und Handel erblühten. Schon in der Zeit Herzog Ludwigs V. des Brandenburgers soll 1358 ein Plan für eine Erweiterung der Stadt und für eine neue Umgürtung auf-

Blick vom südlichen Münsterturm auf St. Moritz mit Glockenturm und städtischem „Pfeifturm", den Mittelpunkt der Altstadt, im Vordergrund die Theresienstraße (einst Weinmarkt)

gestellt worden sein. Die Ausführung begann Herzog Stephan II. (1363/75). Wichtig war vor allem die Einbeziehung der südlichen „Vorstadt" zwischen Schutter und Donau. Stephan bewirkte durch den Ausbau des nördlichen Arms der Donau, daß der Hauptstrom an den südlichen Stadtrand herangeführt wurde, wodurch der Schutz gegen Feindbedrohung verstärkt wurde. An der Brückenstelle reicht die neue Stadtmauer bis an das Flußufer, weicht dann aber stromabwärts auf die Schutter zurück, um die Donaulände auszusparen.

War die „Altstadt“ ein in den abgewinkelten Verlauf der Schutter eingefügtes rechteckiges Castrum gewesen, so wurde der neue Mauergürtel entsprechend dem Vorzug einer Rundumverteidigung zu einem an die Donau angelehnten Bering. Der Wassergraben, der die Stadt umgab, wurde am südlichsten Punkt (beim Münzbergturm) von der Donau gespeist, hatte eingebaute Schleusen und mündete am Ostrand wieder in den Strom. Hatte vordem in der Erstreckung der Stadt die West-Ost-Achse dominiert, so war jetzt die Nord-Süd-Achse mindestens gleichbedeutend geworden. Dies beweist, welche Bedeutung nun der Lage an der Donau, dem Flußübergang und der Flußlände zukam. Diese städtebauliche Situation ist für die ganze weitere Entwicklung der Stadt maßgeblich geblieben. Noch als Ingolstadt im frühen 19. Jahrhundert die große Festung im Herzen des neugeschaffenen Königreichs Bayern wurde, fand dies Ausdruck in der starken Fortifikation des Brückenkopfes.

Das Kreuztor von 1385, benannt nach dem einst westlich der Stadt gelegenen Aussätzigenhaus zum Heiligen Kreuz; der Graben, über den eine Brücke geführt hatte, ist heute zugeschüttet, dahinter das gewaltige Westwerk des Münsters

Blick vom Pfeifturm auf das Münster zur Schönen Unserer Lieben Frau ▷

Stifterrelief Herzog Ludwigs des Gebarteten im Münster, Tympanon über dem Eingang vom Kircheninneren in den südlichen Turm

Das Münster zur Schönen Unserer Lieben Frau, nördliches Seitenschiff mit Chorumgang ▷

Als Zugang zur Stadt wählen wir für unseren Weg die Westseite, weil uns hier das schönste aller erhaltenen Stadttore begrüßt, nämlich das Kreuztor , laut Inschrift 1385 erbaut. Ein quadratischer Torturm mit einem achteckigen Aufsatz und vier Ecktürmchen, bekrönt von einem hohen spitzen Dachhelm, der aus dem Zinnenkranz aufwächst. Dazu (auf der Feindseite) ein Vortor, dessen quadratischer Aufbau einen Wehrgang und zwei runde Ecktürme trägt. So entstand – typisch für die Spätzeit des 14. Jahrhunderts – in aller Einfachheit der Struktur ein schmuckes Bauwerk, das beim Zublick vom Westen mit der hohen Fassade des Liebfrauenmünsters und ihren überragenden wuchtigen Türmen eine einzigartige Gruppe bildet – echt altbayerisch durch die vorherrschende Wirkung des Ziegels und die klug berechnete Verwendung sparsamer Schmuckformen in Kalkstein.

Innerseits des Tores tut sich ein erster Platz auf. Die Straße gabelt sich an dem Keil einer Gruppe von Bürgerhäusern, über denen sich das gewaltige Bauwerk des Liebfrauenmünsters erhebt. Wir umschreiten dessen kathedrale Größe und empfinden die Geschlossenheit des einst umfriedeten Bezirkes, dessen Ostseite mit der Fluchtlinie der Stadtmauer des 13. Jahrhunderts zusammenläuft. Der nordwestliche Eckturm dieses Stadtwalles war (als Glockenturm) noch lang stehen geblieben.

Bauherr des Liebfrauenmünsters oder – wie es einst hieß – der Stadtpfarrkirche zur „Schönen Unser Lieben Frauen" war Herzog Ludwig der Gebartete (1413/47). In seiner Regierung gipfelte die erste Blüte von Ingolstadt. Denn seit die Söhne Stephans II. die Wittelsbachischen Lande 1392 unter sich geteilt hatten, war Ingolstadt – neben München und Landshut – Residenz einer dieser Linien geworden, die Stephan III. eröffnete und die mit Ludwig dem Gebarteten und in seinem Zwist mit seinem Sohn schon 1447 wieder erlosch. Ludwig der Gebartete hatte, bevor er das Ingolstädter Erbe seines Vaters antrat, in Paris am Hof seiner Schwester Elisabeth gelebt, die als Gemahlin Karls VI. in einer turbulenten Zeit

Königin Isabeau von Frankreich geworden war. Karl VI. war schwachsinnig. Ludwig trug den Titel eines Grafen von Mortain und gehörte zum Kronrat. Von seinem Schwager, dem König, bekam er den französischen Kronschatz und andere Kostbarkeiten verpfändet, und es gelang ihm, diese unerhört bedeutsamen und wertvollen Objekte nach Baiern zu verbringen, als er nach dem Tod seines Vaters dessen Herzogtum übernahm. In Ingolstadt war sein Sinn auf die Schaffung einer glanzvollen Hofhaltung gerichtet. Darob der Bau eines neuen mächtigen Schlosses – von dem noch zu reden sein wird –, Fehden gegen die anderen regierenden Wittelsbachischen Linien, Rechtshändel mit allen Nachbarn, das Zerwürfnis mit seinem Sohn und der Wunsch, dem eigenen Gedächtnis ein monumentales Gotteshaus und damit verbunden der eigenen Familie eine würdige Begräbnisstätte zu errichten. So kam es nun, nachdem schon Herzog Stephan 1407 eine Zweiteilung der Stadtpfarre verfügt hatte, in dem neu zugewachsenen westlichen Stadtteil zur Gründung einer fürstlichen Marienkirche und der alte Straßenzug, der von hier mitten durch die Stadt zu dem am Ostrand neugebauten Schloß führt, erhielt eine großartige Bedeutung.

Es ist eine breit gelagerte spätgotische Hallenkirche, deren Baubeginn 1425 eine lapidare Inschrift in der Vorhalle des Südostportals verzeichnet. Schauseite der Kirche ist die Südseite an der Hauptstraße. Zwar sollte an der Westfassade noch eine Portalvorhalle errichtet werden. Nach dem Tod des Herzogs fehlten aber für diesen Aufwand die Mittel, und es kam nur noch zur plastischen Ausstattung der Archivolten dieser Aposteltür. 1439 wurde der Ostchor geweiht. Man darf also auf ein ziemlich rasches Fortschreiten der riesigen Bauarbeiten schließen, angetrieben von der Ungeduld des Herzogs, der schon 1429 und anschließend noch wiederholt Anweisungen für sein im vorderen Chor zu errichtendes rotmarmornes Grabmal getroffen hat. Die Tragik des Schicksals wollte, daß es nie zur Ausführung kam. Nur die von dem Ulmer Bildhauer Hans Multscher 1435 (?) in Solnhofener Stein geschaffene Visierung der Deckplatte dieses in rotem Marmor geplanten Grabmals ist in Wittelsbachischem Besitz erhalten geblieben und befindet sich jetzt im Bayerischen Nationalmuseum in München.

Das wesentliche Merkmal der Hallenkirchen, wie sie die Parler im späten 14. Jahrhundert ausgebildet hatten und wie sie in Altbayern und Salzburg im frühen 15. Jahrhundert durch den Baumeister Hans von Burghausen und seinen Neffen Hans Stethaimer von Landshut geschaffen wurden, besteht in der Angleichung der Höhen der Seitenschiffe an das lichte Maß des Mittelschiffes dermaßen, daß dies keinen eigenen Lichteinfall aus Obergadenfenstern hat. Bei der Ingolstädter Marienkirche ist aber der Scheitel des Mittelschiffes um 5 Meter überhöht, so daß eine sehr markante Unterteilung innerhalb des Raumes eintritt. Die Erhöhung des Mittelschiffes geschah wohl erst 1503/04 bei der Einwölbung durch Hans Rottaler. Als Träger dienen 18 Säulen, beinahe abstrakt wirkend. Es ist eine Spätgotik, die eine eigene Freude am Struktiven entdeckt hat und neue Kontraste in der Verteilung von Helligkeiten und Dunkelheiten liebt. Ebenso merkwürdig ist die Übereckstellung der gigantischen Westtürme: wahre Bollwerke in Ziegelstein mit Hausteinen an den Kanten. (Übrigens sind sie nicht ausgebaut, denn auch hier fehlten die Geldmittel zur Vollendung.) Man meinte, die Ungewöhnlichkeit der Übereckstellung als Erinnerung an einen Kirchenbau in der Normandie erklären zu sollen. In Wahrheit bestehen keine solchen Zusammenhänge. Vielmehr dient die Übereckstellung der Türme der Vervollkommnung des Hallencharakters des Innenraumes, insofern die Abschrägung der Ecken die Kontinuierlichkeit der Wand und damit das Allseits-Umfangende der Raumschale steigert. Eher könnte in dieser Eigentümlichkeit eine Reminiszenz an die gleichzeitig zu beobachtende Übereckstellung von flankierenden Türmen in der Fortifikation französischer Schlösser mitschwingen.

Herzog Ludwig der Gebartete überhäufte die Kirche mit Stiftungen. Die These neuer For-

Mittelschiff des 1503/04 gewölbten Münsters mit Hochaltar von 1560/72 ▷

schungen ist, 1441 habe die Anordnung eines zweiten, westlichen Chorraumes für 1000 Fürbitter jene Änderung der Dispositionen des Grundrisses bewirkt, die der Liebfrauenkirche ein völlig individuelles Gepräge gegeben hat. S. Hofmann betont, daß diese 1000 Beter, von denen die Urkunden sprechen, als die „pauperes Christi" zu verstehen sind, in deren Reihe sich der Herzog als Stifter stellt.

Das Äußere des Kirchengebäudes ist fast ohne Dekor geblieben, wodurch das Volumen um so stärker spricht. Hervorzuheben ist die bildhauerische Ausstattung des Südostportales: beidseits des Eingangstores die schönen Figuren einer Verkündigungsgruppe auf Konsolen mit den Wappen von Hans Glätzl und Hans Schnellmüller, die Vorsteher des Kirchenbaues gewesen sind und beide in der Kirche ihre Grabstätten bekommen haben. Ferner in den Archivolten des Bogenfeldes steingemeißelte Darstellungen einer Anbetung der Heiligen Drei Könige.

Beim Betreten des Inneren erinnern wir uns der alten Namensgebung der Kirche. Die „Schöne Unser Frauen" war ein wundervoll in Goldemail gearbeitetes Marienbild, das Ludwig der Gebartete von seinen mitgebrachten Pariser Kleinodien mit anderen Pretiosen seiner Ingolstädter Marienkirche 1438 geschenkt hat. Nachdem diese Werke 1801 den staatlichen Kontributionen zur Aufbringung der Kriegskosten zum Opfer gefallen sind, kann man sich eine Vorstellung von Köstlichkeit und Liebenswürdigkeit dieses Marienbildes, das der Volksmund „die Gnad" genannt hat, nur mehr beim Anblick des berühmten „Goldenen Rößl" in der Schatzkammer von Altötting bilden, das ebenso 1404 von Isabeau ihrem Gemahl Karl VI. zu Neujahr geschenkt und von diesem 1405 an Ludwig den Gebarteten verpfändet worden ist. Auch das „Goldene Rößl" war von ihm an die Ingolstädter Liebfrauenkirche gestiftet worden. Es wurde 1509 durch Pfalzgraf Friedrich in die Gnadenkapelle von Altötting zur Entschädigung für Anleihen im Landshuter Erbfolgekrieg überführt.

Aus der Erbauungszeit sind in der Ingolstädter Münsterkirche noch drei Bildwerke erwähnenswert: die Steinfigur einer stehenden Muttergottes (stark restauriert), an der südlichen Säule am Choreingang aufgestellt, und die zwei Steinreliefs in den Bogenfeldern über den inneren Turmzugängen, auf der Nordseite darstellend die Halbfigurengruppe eines Erbärmdebildes, auf der Südseite das Brustbild eines bärtigen Fürsten mit Schriftband, in dem wir den Stifter Ludwig den Bärtigen erkennen dürfen.

Mit dem ruhmlosen Ende des Herzogs trat im Kirchenbau ein Stillstand ein. Die Gewölbe des Langhauses wurden erst 1503/04 durch den Baumeister Hans Rottaler geschlossen. Die virtuosen Gewölbe der Seitenkapellen des Langhauses stammen aus der Wirksamkeit der Regensburger Baumeister Erhard und Ulrich Heidenreich (aus dem

Altar von Melchior Feselen in der letzten nördlichen Seitenkapelle des Münsters, 1522

Wölbung mit Abhängling der vorderen nördlichen Langhauskapelle im Münster, 1509/10

Wölbung der vorderen südlichen Langhauskapelle im Münster, 1513

Glasfenster der Zunft der Goldschmiede nach Hans von Kulmbach in der vorderen südlichen Langhauskapelle des Münsters, um 1511

Hochaltar im Münster mit dem Bild der Familie Herzog Albrechts V. vor Maria mit dem Jesusknaben, der der hl. Katharina den Ring ansteckt, als Schreinbild, 1560/72 ▷

2. Jahrzehnt des 16. Jahrhunderts). Es sind doppelschichtige Rippensysteme teils geometrischer, teils vegetabiler Art, ein geheimnisvolles Netzwerk wie aus Koralle gewachsen, der romantischen Phantasie des sogenannten Donaustiles entsprungen, nächst verwandt gleichzeitigen Steinmetzarbeiten im Regensburger Domkreuzgang.

Von den einzelnen Kunstwerken des Innenraumes muß an erster Stelle der geschnitzte Crucifixus des Jesuiten P. Jakob Rem († 1618) genannt werden, ein zu bewunderndes Bildwerk aus der Spätzeit des 12. Jahrhunderts. Es befindet sich in der drittletzten nördlichen Seitenkapelle des Langhauses gegenüber dem 1571 aus Rom in das Ingolstädter Jesuitenkolleg verbrachten Bild der „Dreimal wunderbaren Mutter", zu dessen Verehrung P. Rem 1595 ein Colloquium Marianum errichtet hat. Seitlich des Crucifixes befinden sich die Bilder P. Jakob Rems (links) und des hl. Petrus Canisius, der 1549 mit zwei weiteren Jesuiten auf Geheiß des hl. Ignatius und auf Bitten des bayerischen Herzogs in Ingolstadt die Niederlassung der Jesuiten begründete.

Sonst achten wir vor allem auf die Werke aus der spätgotischen Blütezeit von Ingolstadt. In der zweitletzten nördlichen Seitenschiffkapelle steht das große Schnitzwerk eines Marientodes (um 1490), einst farbig gefaßt, Mittelstück eines Altarschreines in der Spitalkirche, typisch altbayerisch in der Epik der Veranschaulichung des Themas und in der radikalen Ausfurchung der Linien. In der dritten südlichen Kapelle des Chorumganges steht ein geschnitzter, von Abt Marius von Aldersbach gestifteter und im 19. Jahrhundert von Ingolstadt erworbener Flügelaltar von 1520, wobei vor allem die reizende Reliefdarstellung

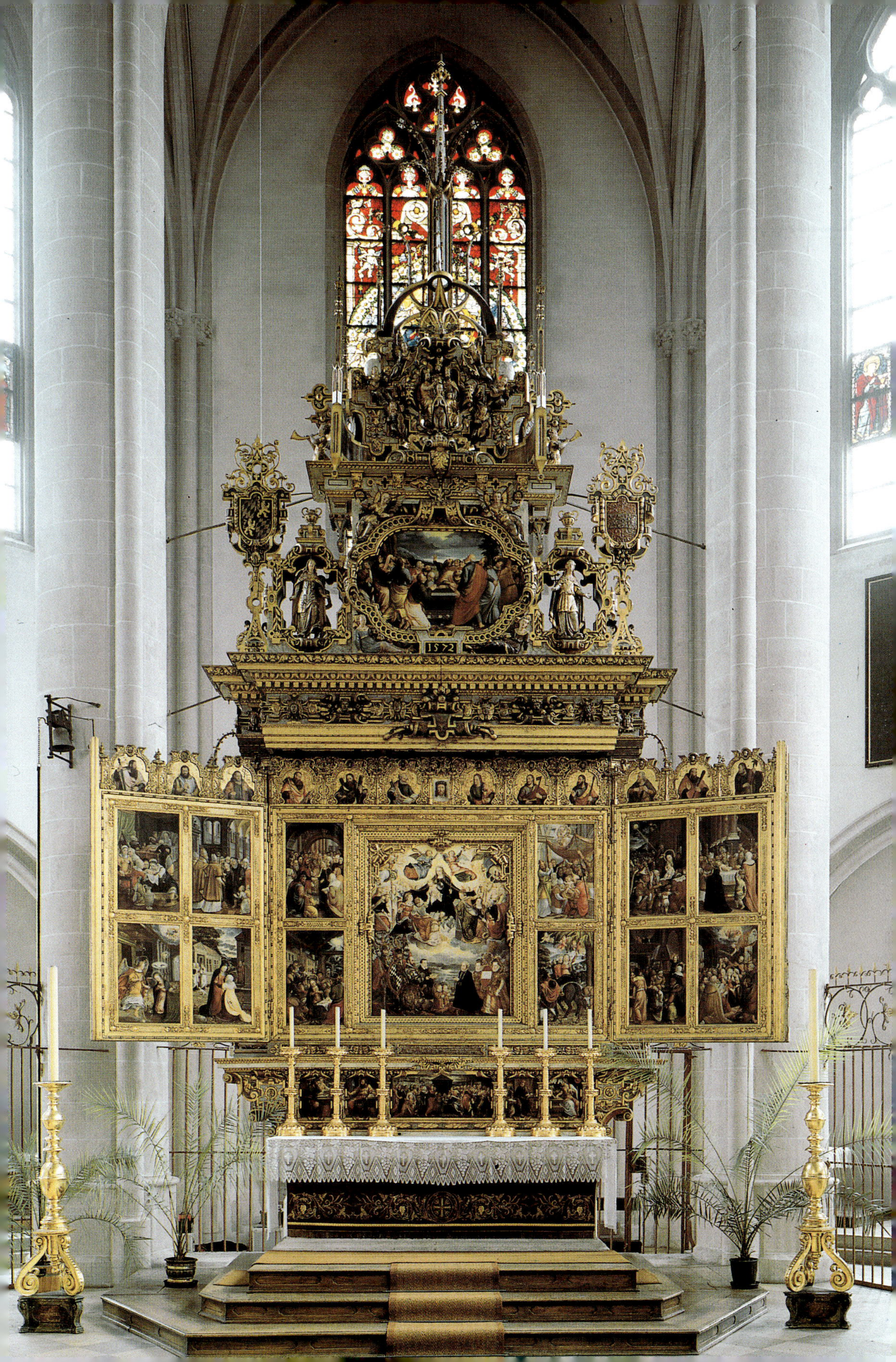
1572

Crucifixus in St. Moritz, wohl ein Werk des Landshuter Bildhauers Stephan Rottaler, eines Sohnes des Ingolstädter Münsterbaumeisters Hanns Rottaler, um 1520

Retabel der Rückseite des Hochaltares im Münster mit dem Triptychon der Disputatio der hl. Katharina von Alexandrien, 1560/72 über dem gotischen Stipes des Altars ▷

der Verkündigung zu Füßen der zentralen Marienfigur zu beachten ist. Bei den geschnitzten Statuen eines hl. Sebastian und hl. Laurentius in der ersten südlichen Seitenkapelle des Chorumgangs, Fragmenten aus einem ehemaligen Floriansaltar, überwiegt das Augsburgische Element. In der letzten nördlichen Seitenschiffkapelle befindet sich dann der von dem Ingolstädter Stadtmaler Melchior Feselen 1522 geschaffene Kreuzigungsaltar, bei dem die Betonung des Landschaftlichen in den Gemälden für die sogenannte Donauschule ebenso charakteristisch ist wie die Frührenaissance der Struktur des Rahmens. Von Hans Wertinger stammt das prachtvolle Glasgemälde im Fenster des Chorhauptes, darstellend die Verkündigung Mariens mit den Stiftern, den Herzögen Wilhelm IV. und Ludwig X. (1527), ferner in der letzten südlichen Seitenschiffkapelle das Glasgemälde einer hl. Anna selbdritt. Einzigartig sind auf den von den Zünften gestifteten Scheiben in den südlichen Seitenkapellen die Darstellungen der Embleme der einzelnen Gewerbe, Gebrauchsgegenstände und Geräte, deren edle Form für den hohen Stand der spätgotischen Kunsthandwerke zeugt.

Von den Grabsteinen heben wir hervor: an der Sakristeiwand den früher dem Straubinger Bildhauer Erhart zugewiesenen Grabstein des Universitäts-Professors Johann Mainberger († 1475) und das Rotmarmorepitaph des 1505 an der Pest gestorbenen Stadtpfarrers und Universitäts-Professors Johannes Permetter. Auf diesem sieht man den Professor am Katheder stehend, vor ihm in den Bänken seine Hörer, am oberen Reliefrand das apokalyptische Marienbild und im unteren Streifen eine liegende Skelettfigur mit Gewürm als Spiegel der Vergänglichkeit. Es ist dies eines der spätesten Werke von Hans Beierlein in Augsburg. Bei ihm lernte damals auch Loy Hering, der seit 1513 in Eichstätt eine weitreichende Wirksamkeit entfaltete und dessen noble Bildnisepitaphien in Solnhofener Stein auch in Ingolstädter Kirchen zu sehen sind. Diesem Renaissancetypus folgt auch die bronzene Gedächtnistafel (in der zweiten nördlichen Kapelle des Chorumganges) für Dr. Johann Eck, den großen Verfechter des katholischen Glaubens in der Auseinandersetzung mit Luther. Eck war von 1510 bis zu seinem Tod 1543 Professor an der Universität in Ingolstadt.

Im Herz des erhöhten Chores steht der mächtige Hochaltar. Obwohl erst 1572 fertiggestellt, nimmt er organisch Bezug zum Querschnitt des spätgotischen Raumes. Herzog Albrecht hatte

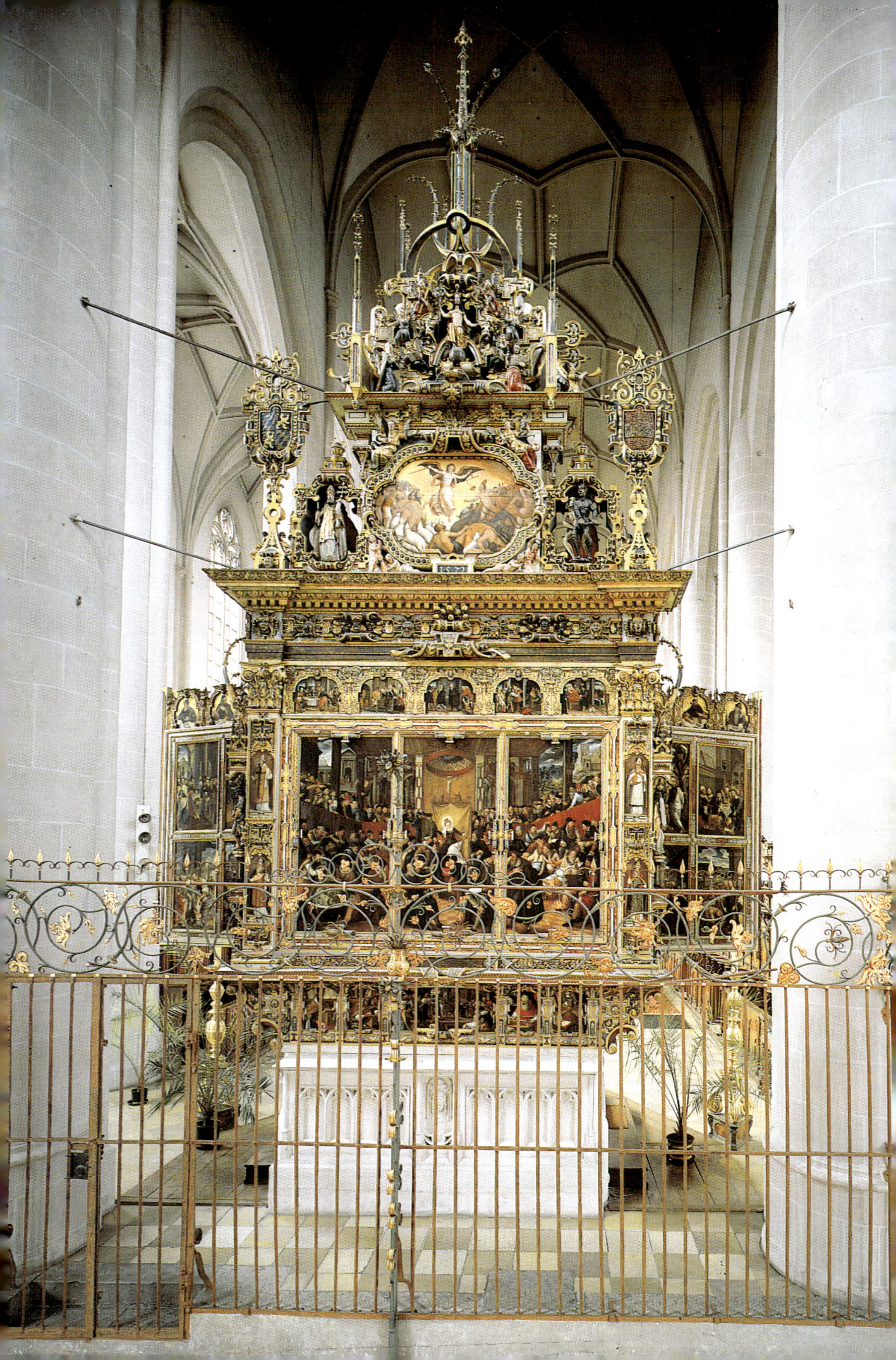

Anatomie mit Botanischem Garten, 1723–1735, heute Sitz des Deutschen Medizinischen Museums Ingolstadt

Immaculata, Silberstatuette von Josef Friedrich Canzler nach einem Modell ▷ von Ignaz Günther im nördlichen Seitenaltar in St. Moritz, 1760

die „Chortafel“ und das Chorgestühl spätestens schon 1560 in Auftrag gegeben. Die Münchner Meister dieses demonstrativ hervorragenden Werkes waren der Kistler Hans Wiesreuter, der Bildhauer Hans Wörner, der Hofmaler Hans Muelich. Nochmals entstand ein Wandelaltar, wie ihn die Spätgotik erfunden hatte: ein Schreingehäuse, das seinen Bildinhalt erst beim Öffnen der (gedoppelten!) Flügel offenbart, überhöht von einem Sprengwerk, dessen architektonische Zierformen in den Raum ausklingen. Nur mit dem Unterschied, daß die Formen nun der Ordnung der Renaissance folgen. über dem lastenden Architrav tut sich in ornamentaler Verbrämung der ganze Mikrokosmos von Pilastern, Kartuschen und Figurationen auf, für den die zeitgenössische Graphik schier unerschöpfliche Vorlagen bot. Wunderbar ist die Farbigkeit von dessen Gemälden, die sich gleich einer Ikonostasis über die Felder dieser tabula magna verteilen. Im Mittelbild der Vorseite sieht man Maria in Engel-Chören als Patrona Bavariae. Am vorderen Bildrand knien Albrecht V., umgeben von seinen Söhnen, und seine Gemahlin Anna von Österreich mit zwei Töchtern. Im Hintergrund breitet sich die Isarlandschaft mit Landshut und der Trausnitz: ein Votivbild, wie es schöner nicht erfunden werden konnte. Auf den begleitenden Gemälden sind wie auf den Seiten einer Bilderbibel Marienleben und Passion dargestellt. Auf der Rückseite als Spekulum der christlichen Wissenschaft die Disputation der heiligen Katharina, wobei Professoren der Universität Ingolstadt porträtiert wurden. Der Kirchenbau Ludwigs des Gebarteten hat erst in diesem Hochaltar seine sinnfällige Vollendung gefunden. Zugleich erfüllte sich auch die ursprüngliche Zweckbestimmung als Sepulkralbau, da 1651 ein im Hauptchor aufgestellter Marmor (heute im seitlichen Umgang) die Eingeweide des in Ingolstadt verstorbenen großen Kurfürsten Maximilian I. aufgenommen hat. Eine bronzene Engelsfigur von einem Schüler des Münchner Hofbildhauers Hans Krumper bekrönt das Denkmal.

In der unmittelbaren Nachbarschaft des Liebfrauenmünsters, wenig südlicher im tieferen Gelände „auf der Schutter“ gelegen, hatte Ludwig der Gebartete ein Pfründnerhaus gestiftet, dessen Insassen Gebetsdienst an seinem Grab versehen sollten. Ein gewaltiges Bauwerk mit hohem Satteldach und Lisenen an den Giebeln. Herzog Heinrich der Reiche von Landshut, der nach dem unglücklichen Tod des Gebarteten und seines Sohnes das Ingolstädter Erbe übernahm, hat diese Pfründhaus-Stiftung 1449 ausdrücklich bestätigt. Sein Sohn Herzog Ludwig der Reiche erwirkte 1465 vom Papst die Erlaubnis, die Einkünfte dieser Stiftung nebst anderen Dotierungen zur Gründung einer Landesuniversität in Ingolstadt verwenden zu dürfen. Deren feierliche Eröffnung fand 1472 statt. Als Gebäude diente das einstige Pfründhaus. Von dieser Verwendung als „Hohe Schule“ zeugt heute noch vor allem ein aus der Zeit um 1480 stammendes Wandgemälde in einem der gewölbten Erdgeschoßräume, Äskulap darstellend, wie er den von seinen Rossen zu Tod geschleiften Hippolytus heilt und dafür selbst vom Donner des Zeus erschlagen wird. So schnell stellte sich also in der Formensprache der heimischen Spätgotik die mythologische Bilderwelt des Humanismus ein. Am Äußeren des Gebäudes war ein Fresko der Muttergottes mit den knienden Gestalten des Landshuter Herzogs und des ersten Rektors der Universität Christoph Mendel angebracht. Gegenüber der Hohen Schule gründete 1494 Herzog Georg der Reiche das sog. Georgianum mit dem Peter-und-Pauls-Kirchlein, ein der Artistenfakul-

Blick in die Kirche des Hl.-Geist-Spitals mit den Säulen des 14. Jahrhunderts, den Fresken des ausgehenden 16. Jahrhunderts und der Stuckierung des 18. Jahrhunderts ▷

Epitaph für Kaplan Andreas Mungst in der 2. nördlichen Seitenkapelle von St. Moritz, wohl das Werk eines Ingolstädter Bildhauers, 1494

tät unterstelltes Alumnat, „die älteste Priesterausbildungsstätte in Deutschland und wohl eine der ältesten der katholischen Kirche".

Zahlreich sind die Namen großer Lehrer, die an dieser Hohen Schule gewirkt haben. Wir nennen nur aus dem 16. Jahrhundert den Humanisten Konrad Celtis, dann Aventin, den Schreiber der bairischen Geschichte, und Peter Apian, den berühmten Mathematiker. Die Bedeutung der Universität in den theologischen und philosophischen Auseinandersetzungen dieser bewegten und erregten Zeit steigerte sieh noch, als 1549 unter Herzog Wilhelm IV. in Ingolstadt eine erste Niederlassung der Jesuiten gegründet wurde, dessen bedeutendste und repräsentativste Kräfte, wie der Niederländer Petrus Canisius und der Spanier Gregor von Valencia, auch an der Universität lehrten. So wurde Ingolstadt in der Zeit der Gegenreformation eine Hochburg der katholischen Erneuerung.

Das unmittelbar nördlich des Liebfrauenmünsters gelegene Gebäude des Jesuitenkollegiums , 1583 vollendet, ist in seiner abstrakten Größe von der Strenge des Ordens geprägt. Erhalten blieb allerdings nur der Südostflügel einer einst riesenhaften Anlage, um derentwillen ein ganzer Block spätgotischer Häuser, zum Teil von stattlichsten Ausmaßen, abgerissen wurde. Dieser Baukomplex, nach Aufhebung des Jesuitenordens (1773) zwecklos geworden, mußte 1860 den nicht weniger großen Dimensionen eines neuen Kriegsspitals weichen.

Eine Besonderheit der Universität wurde im 18. Jahrhundert das jenseits der Schutter nahe der Stadtmauer geschaffene „Anatomische Theater" mit Nebenräumen für physikalische Experimente und chemischen Laboratorien, sowie einer medizinischen Bibliothek (1723-1735). „Der eigentliche Saal zu den anatomischen Demonstrationen wurde in der Mitte und nach der ganzen Höhe des Gebäudes so angeordnet, daß man unten zu ebener Erde aus einem Amphitheater, oberher aber, in der ersten Kontignation, aus einer herumlaufenden Galerie das Kadaver selbst und alle damit vorgenommenen Operationen genau beobachten konnte; wie denn der ganze

Altarretabel aus dem Hl.-Geist-Spital, wohl das Werk eines Landshuter Meisters, um 1470 (Stadtmuseum Ingolstadt)

Der „Schliffelmarkt", Kreuzungspunkt der Hauptstraßen im Zentrum der Stadt, vorn rechts die Fassade des Wohnhauses des 1746 an die Universität berufenen Johann Adam Ickstatt, eines Wegbereiters der Aufklärung in Bayern

Saal mit Fresko-Gemälden und Gipsarbeiten herrlich ausgeziert war." Der Demonstrationssaal wurde 1755 mit einer umlaufenden Galerie versehen. Ein zeitgenössischer Kupferstich hat das Aussehen des zugehörenden stilisierten Botanischen Gartens überliefert. In dem restaurierten Gebäude der Anatomie wurde 1973 ein Medizinhistorisches Museum errichtet. Dadurch wurde eine schöne Konsonanz von Architektur, Inhalt und den gärtnerischen Anlagen geschaffen. 1800 wurde die Universität nach Landshut verlegt und von hier 1826 nach München.

Hart südlich der Kreuzung der Hauptstraßen in der Stadtmitte erhebt sich – noch fühlbar umgeben von dem abgeschirmten Bezirk des früheren Friedhofs – die alte Stadtkirche zu St. Moritz, eine dreischiffige gotische Basilika des frühen 14. Jahrhunderts, in deren Kern der ältere 1234 geweihte Bau noch enthalten ist. Von Norden betritt man die Kirche durch eine schöne Portalvorhalle, in der die jetzt im Inneren der Kirche an der zweiten nördlichen Säule aufgestellte steinerne Marienfigur Regensburgischer Art aus der Mitte des 14. Jahrhunderts aufgestellt war. In der frühen Gotik des Innenraumes dominiert die Abfolge wuchtiger Rundpfeiler. Die Seitenschiffe sind mit Kapellen ausgestattet. Im Osten öffnet sich der langgestreckte Chor, 1359 dergestalt erweitert, polygonal abgeschlossen und durch hohe Fenster aufgerichtet. Die Einwölbung des Schiffes erfolgte erst im 15. Jahrhundert. Hinzu kam der Zauber einer herrlichen Rokokodekoration mit Stukkaturen von Johann Baptist Zimmermann (von Wessobrunn) und Fresken des Münchner Hofmalers Philipp Helderhoff (1756). Diese sind 1888 der radikalen „Stilreinigung" einer Restaurierung zum Opfer gefallen.

Nach dem letzten Krieg hat sich eine erneute Instandsetzung der Kirche mit schönem Erfolg bemüht, im Chor die Festlichkeit des 18. Jahrhunderts wieder zur Geltung zu bringen. So stehen am Hochaltar strahlend-großartig wieder die 1764 von dem Eichstätter Bildhauer Joseph Anton Breitenauer geschnitzten Figuren der Heiligen Mauritius und Georg (früher Gereon), während an der Nordwand das gewaltige frühere Hochaltargemälde von Johann Joseph Schöpf von 1765 hängt, darstellend die Enthauptung des hl. Mauritius inmitten seines Heeres. Am Choreingang links hat auf einem seitlichen Altar die wundervolle Silberstatuette einer Immaculata Platz gefunden, die zu den bedeutendsten Phänomenen des bayerischen Rokoko gehört. Sie ist offenkundig nach einem Modell des Münchner Bildhauers Ignaz Günther 1760 von dem Münchner Goldschmied Josef Friedrich Canzler gegossen und getrieben worden, wahrscheinlich eine Stiftung des vordem als Kanonikus bei U. L. Frauen in München tätigen Pfarrers von St. Moritz, Prof. Dr. Georg von Hagn, dessen Initiative die ganze Erneuerung der Moritzkirche im 18. Jahrhundert zu verdanken war.

Wenden wir uns den Kapellen auf der Nordseite des Langhauses zu, so ist vor allem ein aus dem späten 14. Jahrhundert stammendes Kreuzigungsfresko wichtig, das 1879 beim Abbruch des Hardertores (des ehemaligen nördlichen Stadttores) hierher übertragen wurde. Trotz Übermalungen ist der expressive Gehalt von Komposition und Liniengefüge noch gegenwärtig, eine Vorstufe der berühmten Kreuzigungstafel in Altmühldorf. In der gleichen Kapelle befindet sich das edle steingemeißelte Wandepitaph für Kaplan Andreas Mungst (1494). Dargestellt sind in der Mitte die Verkündigung, in den Seitenfeldern (wie auf Flügeln eines Altares) die Heiligen Katharina und Nikolaus, Arbeiten von einer sehr zart artikulierten Räumlichkeit, deren Stil an Silberstiftzeichnungen des älteren Holbein in Augsburg gemahnt. Am südlichen Seitenaltar im Choreingang sieht man ein schönes Gemälde von Gerard Seghers, Antwerpen (1626), darstellend den Traum des hl. Joseph. Das Bild befand sich ursprünglich in der Kreuzkirche der Jesuiten. Von den weiteren Epitaphien in der Kirche nenne ich nur noch ein Bildnisrelief in rotem Marmor, das sich der Priester Georg Hauer 1532 errichten ließ.

Epitaph von Hans Daucher (?) für den Professor der Medizin Wolfgang Peisser († 1526) am letzten südlichen Pfeiler der Minoritenkirche

Franziskanerkirche, Relief der Beweinung Christi (um 1600) am vorderen südlichen Pfeiler

Die Türme der Moritzkirche sind merkwürdig verteilt. Einer steht auf der Nordseite an der Naht von Langhaus und Chor. Sein schweres Volumen, durchbrochen von romanischen Klangarkaden, gehört noch dem Bau des 13. Jahrhunderts an. Der schlanke Turm an der Südseite ist gotisch und in seinem Aufbau mehrfach verändert worden. Er diente der Stadt als Wachtturm und heißt Pfeifturm. An seinem Südwesteck steht hoch über dem Getriebe der Straße ein großartiges, geschnitztes monumentales Erbärmdebild Christi, das 1601 der Pfarrer und Professor Petrus Stevart gestiftet hat, der sich in St. Moritz unter der Orgelempore an der Nordwand ein Marmorepitaph setzen ließ, als er 1624 nach langem Wirken an der Universität wieder in seine Heimat nach Lüttich zurückkehrte.

Nur durch ein kleines Höfchen getrennt schließt sich auf der Südseite der Kirche das Rathaus an. Sein nördlicher Kernbestand (einst Pfarrhof von St. Moritz) stammt aus dem 16. Jahrhundert. 1882 wurde das ganze Haus durch Gabriel von Seidl im Neurenaissancestil völlig umgebaut und erweitert. Von den durch den Rat seit alter Zeit gehüteten wertvollen Dokumenten einer stolzen bürgerlichen Vergangenheit seien hier folgende aufgeführt: einmal das heute im Stadtarchiv im Kavalier Hepp verwahrte Privilegienbuch, 1493 angelegt und bis zum Ende des 19. Jahrhunderts fortgeführt. Miniaturen zeigen die Bildnisse von rund 200 Bürgermeistern und Ratsherren mit beigefügten Namen und Wappen. Am aufschlußreichsten und künstlerisch am bedeutendsten sind die frühen Seiten, auf denen die Herren der Stadt im pelzverbrämten Talar (zwölf auf einer Seite und dazu das Bildnis des Ratsschreibers) im Ratsgestühl dargestellt sind. Dann der Schatz des Rates. Seine Geschichte ist so tragisch wie die Geschichte der Kleinodien Ludwigs des Gebarteten. Eine Liste der „Pretiosen" der Stadtkammer Ingolstadt, die 1813 zur Kreisadministration der Stiftungen und Kommunen eingesendet werden mußten, umfaßt 58 Nummern. Alle diese Objekte mußten auf staatlichen Befehl vom Magistrat veräußert werden, um dringende Geldbedürfnisse zu erfüllen. Darunter das spätgotische Ratssilber, edle Gefäße und Geräte, wie sie kaum eine andere bayerische Stadt aufweisen kann. Davon befindet sich jetzt ein Deckelpokal des Bürgermeisters Hans Glätzl († 1494) im Bayer. Nationalmuseum in München, vier weitere solche edle Pokale und Becher – zum Teil ebenfalls mit den Insignien des Hans Glätzl, zum Teil mit Emblemen der Ingolstädter Zünfte – im Metropolitan Museum New York. Die Mehrzahl der Objekte aber ist verschollen und wahrscheinlich um des kümmerlichen Materialwerts willen verschrottet. Von den in der „Bestimmung der Pretiosen" von 1813 aufgezählten 30 Löffeln von Buchsbaumholz konnte ich bisher nur fünf, in Museen von Frankfurt, München, Nürnberg und Richmond (U.S.A.), nachweisen –andere Funde sind gefolgt. Sie sind dadurch kenntlich, daß eine silberne Tülle am Griff in blauem Email das Ingolstädter Stadtwappen, den feuerspeienden Panther, zeigt.

Anna Selbdritt in der Kapelle des Klosters St. Johann im Gnadenthal von Hans Leinberger, 1513

Der bedeutendste Ingolstädter Goldschmied der Spätgotik war Hans Greiff, 1473/1516 nachweisbar und in dem Privilegienbuch 1493 zusammen mit dem Bürgermeister Glätzl konterfeit. Greiff war der Meister der schönsten Werke dieses Ratssilbers, und man möchte meinen, daß auch manche der Zunftgefäße, die auf den Zunftscheiben der Münsterkirche dargestellt sind, von ihm gearbeitet worden waren. Von seiner Hand stammt auch ein reizendes kleines Silberreliquiar der hl. Anna selbdritt, das Hanns Kuhn im Musée Cluny in Paris entdeckt hat. Greiff möchte ich auch die in St. Moritz verwahrte, in Silber getriebene, im 16. Jahrhundert überarbeitete Statuette des hl. Mauritius zuschreiben.

Dem Rathaus gegenüber stand am Südrand des rechteckigen Platzes ein mächtiges spätgotisches Kastengebäude, dessen hohe Firstlinie sich nach Westen – gleichlaufend mit der Schutter und damit auch gleichlaufend mit der ältesten Stadtmauer – in dem langen First des 1319 von Kaiser

„Maria de Victoria" (ursprünglich Oratorium der Marianischen Akademischen Kongregation), in der Innenansicht bilden Architektur, Altar sowie die im Deckenfresko illusionierte Tempelarchitektur mit elfenbeinernem Turm und starkem Turm Davids eine künstlerische Einheit, Thema des Freskos ist die „Incarnatio dominica" (Menschwerdung des Herrn) im Geschehen der Verkündigung, 1734 ▷

Ludwig dem Bayern gestifteten, damals noch vor der Stadtmauer gelegenen Spitals fortgesetzt hat. Die Enge des Durchlasses der Donaustraße durch den Riegel dieser Gebäude erinnerte noch an die fortifikatorische Bedeutung des Auslasses aus dem einstigen Mauergürtel. Die dem Hl. Geist geweihte Spitalkirche, gekennzeichnet durch ein Türmchen als Dachreiter, bildet mit dem Wohngebäude des Spitals einen gemeinsamen monu-

Epitaph für Hans Esterreicher († 1532) und dessen Ehefrau Dorothea († 1521) in der Minoritenkirche, in alter Farbfassung von Stephan Rottaler, um 1522

Das Heilsangebot der Menschwerdung Gottes gilt der ganzen Welt, hier trifft der Lichtstrahl der Gnade die Personifikation der „Africa", Deckenfresko von Cosmas Damian Asam, 1734 (Ausschnitt)

„Lepantomonstranz" in der Kirche „Maria de Victoria", Relief mit der Errettung der Christenheit durch das legendäre Eingreifen Marias in der Seeschlacht von Lepanto im Jahre 1571, Johannes Zeckl, Augsburg, 1708 ▷

mentalen Baublock. In der Wand, die beide Gebäude trennt, befand sich im Obergeschoß ein Fenster, durch das auch die Kranken am Gottesdienst teilnehmen konnten. Die Kirche aus dem 14. Jahrhundert, umgebaut im 15. Jahrhundert, eine schlichte dreischiffige rechteckige Halle, gegliedert in sechs Joche. Schlanke Rundpfeiler tragen das hohe Netzgewölbe. Der Reiz des Raumeindruckes besteht in der vollständigen Ausmalung der Wände und Stützen aus dem Ende des 16. Jahrhunderts (1587ff.) und den reichen Stukkaturen und Deckenfresken aus der Frühzeit des 18. Jahrhunderts.

Folgen wir der Schutter nach Osten, so öffnet sich jetzt ein Freiraum, der städtebaulich die schmerzlichste Wunde ist, die Ingolstadt im letzten Krieg erlitten hat. Wir befinden uns südwestlich des Herzogskastens in einem Zwickel, der sich innerhalb der neuen Stadtmauer hart an der Grenze der „Altstadt" ergab. Hier stand in der Spätgotik eine Marienkapelle, seit 1606 einem von Herzog Maximilian 1598 gestifteten Kloster der Augustiner-Eremiten verbunden. Dieser Orden holte sich 1736 den berühmten Münchner Kirchenbaumeister Johann Michael Fischer (dessen Bruder Johann Andreas in Ingolstadt Bürger war) für einen völligen Neubau. Die 1739 vollendete Kirche war eines der bedeutendsten Werke des bayrischen Rokoko. 1945 wurden Kirche und Kloster durch Bomben so schwer getroffen, daß nur eine Ruine blieb, die 1949/50 abgebrochen wurde.

Der Zugang erfolgte aus dem Osten durch eine Vorhalle. Den Grundriß des Hauptraumes bildete ein Quadrat mit ovalen, diagonal korrespondierenden Kapellen in den Ecken. Dieser Betraum öffnete sich nach Westen in einen etwas kleineren quadratischen Chor mit Umgängen an

beiden Seiten und einem oblongen Sakristeiraum hinter der Altarwand. Pfeilervorlagen trugen die machtvoll bewegte Wölbung.

Über dem Altarraum war eine Kuppel. Eine umlaufende Empore, über den Eckkapellen zu Oratorien ausgebaut, bereicherte den Aufriß. Dazu kam eine großartige Ausstattung mit Stukkaturen und Fresken, gipfelnd in den Deckengemälden von Johann Georg Winter. Der ganze Raum atmete feierliche Festlichkeit. Im Hochaltar stand als hoch verehrtes Gnadenbild die „Schuttermuttergottes", eine geschnitzte Schöne Madonna aus der Frühzeit des 15. Jahrhunderts, die aus der einstigen Marienkapelle an der Schutter übertragen worden war. Bei der großen Katastrophe im Krieg lag das Gnadenbild unversehrt im Schutt. Die Franziskaner, die 1827 das Kloster der Augustiner übernahmen, nach dem

Die 1945 zerstörte ehem. Augustinerkirche von Johann Michael Fischer, 1736–1739

Neues Schloß, um 1418 von Herzog Ludwig dem Gebarteten von Bayern-Ingolstadt begonnen, ab 1451 von den Herzögen von Bayern-Landshut, an die das Teilherzogtum Ingolstadt 1447 gefallen war, weitergeführt und um 1501 vollendet

Krieg bei der Übersiedlung in das einstige Minoritenkloster dort dem Gnadenbild in einer Seitenkapelle eine neue Verehrungsstätte bereitet.

Dieses Minoritenkloster lag ursprünglich vor dem nördlichen Auslaß der alten Stadtmauer seitlich der Hauptstraße. Die Kirche wurde nach 1275 in den strengen Formen der frühen Gotik als dreischiffige, flachgedeckte Basilika errichtet, in der nüchternen Beschränkung auf das Struktive eine typische Bettelordensarchitektur. Im letzten Viertel des 14. Jahrhunderts wurde der Chor um vier Joche erweitert und polygonal geschlossen . Im 15. Jahrhundert wurden die Seitenschiffe eingewölbt und der hübsche Dachreiter über dem Choreingang aufgesetzt. Im 18. Jahrhundert erfolgte die Einwölbung des Mittelschiffes und eine Ausstattung mit Altären. Der machtvolle Hochaltar wurde 1755 vollendet. Der obere Chor hinter diesem diente für den Gebetsgottesdienst des Klosters. Hier steht ein schönes Chorgestühl, dessen plastische Bestandteile (Statuen von Aposteln und Ordensheiligen, sowie reizende geflügelte Engelsköpfe) laut Inschrift 1613 Balthasar Stoll aus Berchtesgaden geschnitzt hat.

Seit dem späten Mittelalter war die Minoritenkirche die bedeutendste Grablege für Professoren der Hohen Schule und hochmögende Familien. Grabsteine und Epitaphien sind in großer Zahl erhalten geblieben. Wir können nur die wichtigsten hervorheben und beginnen den Rundgang im Westen des südlichen Seitenschiffes. Am ersten Pfeiler sieht man das in zartem Relief scharf wie eine Medaille aus Solnhofener Stein geschnittene Epitaph des Arztes und Universitäts-Professors Wolfgang Peisser († 1526), ein Hauptwerk der Augsburger Renaissanceplastik, von Hans Daucher (?) geschaffen. Das Relief zeigt einander zugekehrt die Halbfiguren von zwei Engeln, zwischen ihnen ein idealisiertes Bildnis als Verkörperung der Seele des Verstorbenen. Den Hintergrund bildet eine Bogenhalle mit dem von Putten gehaltenen Wappen an der Rückwand. In der unteren Bildhälfte ist eine humanistische Gedächtnisinschrift zu lesen.

Am Sockel zwei Kniende, nämlich links Wolfgang Peisser d.Ä., rechts sein Sohn Wolfgang Peisser d. J., der als Stifter des Werkes anzusehen ist. Rechtsseitig öffnet sich die Lichtenauer Kapelle, in deren Rückwand aus der zerstörten Franziskanerkirche die Schrifttafel des von dem Münchner Bildhauer Ignaz Günther geschaffenen Epitaphs des Reichsgrafen Johann Karl von Preysing († 1770), der Generalfeldzeugmeister und Statthalter zu Ingolstadt war, eingefügt ist. (Übrigens befindet sich in der neuen Stadtpfarrkirche St. Anton ein weiteres Werk Ignaz Günthers, signiert und datiert 1770, darstellend die Münchner Herzogspitalmuttergottes.) Am sechsten Seitenschiffpfeiler folgt ein großartiges Relief der Kreuzabnahme in Solnhofener Stein mit aufgesetztem Golddekor, wohl erst um 1600 in Augsburg entstanden und deshalb nicht mit der dabei befindlichen Inschrifttafel für einen als Kind 1563 gestorbenen Sohn des Bologneser Juristen Franciscus Zoanettus in Verbindung zu bringen. Am gleichen Pfeiler ist ein weiteres Werk des Eichstätter Bildhauers Loy Hering, nämlich das wieder in Solnhofener Stein gemeißelte Epitaph des Johann von der Leiter, der von 1515 bis zu seinem Tod 1547 hier als fürstlicher Rat und Pfleger residiert hat. Er ist in ganzer Figur im Gebet kniend vor dem Crucifixus dargestellt. In die Kehle des Rahmens sind die Wappen seiner Ahnen, im Dreipaß des oberen Abschlusses das Wappen der Scaliger eingefügt. – Gegenüber in der Antonius- oder Montfortkapelle sieht man an der Westwand das um 1520 von dem Landshuter Bildhauer Stefan Rottaler geschaffene Epitaph des 1532 gestorbenen Hans Esterreicher und seiner „Hausfrau“ Dorothea, die schon 1521 verstorben war. In einem reich gegliederten Renaissancerahmen ist der Gnadenstuhl dargestellt, am unteren Bildrand knien beiderseits der Inschrift die Gestalten der beiden Votanten. Bemerkenswert ist, daß der Sandstein noch die alte farbige Bemalung aufweist. Stefan Rottalers Reliefstil zeigt, daß er in Landshut unter dem Eindruck Hans Leinbergers gestanden hat. – An der Längswand des nördlichen Seitenschiffes sind schließlich noch zu nennen: Bronzeepitaph des 1564 verstorbenen Sebastian Pemler, eine Arbeit des Ingolstädter Erz- und Glockengießers Caspar Dietrich, und das 1612 datierte Epitaph des herzoglichen Rates Christoph Gewold und seiner Familie mit einem Bronzerelief, darstellend die Totenauferweckung in der Vision Ezechiels, einem Werk aus der Nachfolge Hubert Gerhards in München. Aus dem gleichen Bezirk künstlerischen Schaffens stammt eine geschnitzte Marienfigur von der Hand des Weilheimer Meisters Hans Degler in der Loretokapelle an der Südseite, die früher im alten Augustinerkloster beheimatet war.

Vor der Westseite der Minoritenkirche war einst ein Friedhof, gegen die Straße durch niedere Vorbauten geschlossen – heute ein freier Platz. Auf der Nordseite steht ein repräsentatives Gebäude in Renaissancecharakter, in dessen Kern sich noch ein Bau verbirgt, den einst Peter Apian besaß und den 1630 das Reichsstift Kaisheim aus Fuggerischem Besitz für seine in Ingolstadt studierenden Konventualen übernommen und erneuert hat.

Auf der anderen Seite der Harderstraße liegt das schon im 13. Jahrhundert begründete Frauenkloster St. Johann im Gnadenthal. Von seiner einstigen Ausstattung sind schöne Türen und

Stadtmauerpartie im Osten nördlich des Alten Feldkirchener Tors beim Neuen Schloß,um 1368

Schränke des 16. und 17. Jahrhunderts und eine schmucke Apotheke aus der Zeit um 1700 erhalten geblieben. In dem 1487 errichteten Kirchlein hängt an der Nordwand ein Altarrelief von der Hand des Landshuter Meisters Hans Leinberger. Seine schöne alte farbige Fassung wurde erst jetzt wieder freigelegt. Dargestellt sind thronend Maria und Mutter Anna, zwischen beiden strampelnd das Jesuskind. Den Thron bilden wuchtige Balustersäulen, die ein Gebälk tragen, in dessen bekrönenden Segmentbogen die Halbfigur Gottvaters in einer Engelglorie erscheint. Beidseits Putten mit den Wappen der Stifterfamilien Peringer und Riedler. (Eine Margarethe Peringer aus dieser angesehenen Ingolstädter Familie war 1497 in Gnadenthal eingetreten und ist 1561 gestorben, während die Riedler Münchener waren.) Das Ganze ist ein prangendes Bildwerk, in dessen überquellender Formenfülle das Spiel der Gewandbahnen mit dem wuchernden Laubwerkdekor der rahmenden Teile zusammenklingt, eine Plastik, die offenbar der gleichen Phantasie entsprungen ist wie der Gewölbedekor Heidenreichs in den Seitenschiffen der Münsterkirche.

Übrigens haben vielleicht weitere Verbindungen von Leinberger zu Ingolstadt bestanden. Denn an Leinbergers anmutiger Marienstatuette in der Altöttinger Schatzkammer haftet die Tradition, Petrus Canisius habe 1570 mit diesem Marienbild eine Teufelsaustreibung vollzogen. Sonst aber dominieren in dieser Kirche die Elemente eines beschwingten Rokoko: das wunderbare Spiel der Rocaillen an den geschnitzten Wangen der Gestühle und an dem hübschen Flechtwerk des Gitters der Frauenempore. Dazu kommt die Magie der erst in unserer Zeit geschaffenen Fresken des Chores von Schwester Euphemia Blaschke, in denen sich Bildbedeutung und Farbe zu einer neuen räumlichen Einheit verbinden.

Nur wenige Schritte führen von Gnadenthal zu einem der großartigsten Werke des bairischen Rokoko, nämlich dem Bürgersaal Maria de Victoria. Erbaut 1732/36 in der unmittelbaren Nachbarschaft des Jesuitenkonviktes als Betsaal der Marianischen Studentenkongregation. Die reiche Ausstattung des Inneren hat sich bis zur Schlußweihe 1759 hingezogen. Architekt war wohl Egid Quirin Asam. Die Ausführung besorgte Michael Anton Prunthaler. Das Äußere zeigt eine schlichte Pilastergliederung mit vornehmem Dekor. Die Fenster sind zweigeschossig angeordnet. Das Ostportal führt in eine Vorhalle mit einem Deckengemälde und edlen Intarsien an den Türen. Über einige Stufen betritt man den rechteckigen, keineswegs hohen, von zwei Seiten lichtdurchfluteten Betsaal. Welche Zauberkünste sind entfaltet, um aus diesen einfachen architektonischen Voraussetzungen die großartige Suggestion jenes Theatrum sacrum erstehen zu lassen, wie es das Rokoko ersehnt hat. An den Hochwänden sind die köstlichsten Rocaille-Stukkaturen ausgebreitet. über den ganzen Deckenspiegel aber hat Cosmas Damian Asam ein Riesenfresko gemalt, darin Maria als neuer Tempel – den Gott sich in der Menschwerdung geschaffen hat, und in diesem Sinne ist gilt Maria als Mittlerin der göttlichen Gnaden – erscheint, an denen alle Welt teilhat. Gewiß wurde das Darstellungsprogramm von dem Präses der Kongregation und anderen Theologen entworfen. Das Thema wird in den zeitgenössischen Litterae annuae als „incarnatio dominica" angesprochen. Es sind die Inhalte der Heilslehre und ihre Verbreitung über die vier Erdteile. Der Weg von irdischer Nähe in himmlische Verklärung wurde von Asam in eine flutende Farbsymphonie übersetzt, in der sich alles Vordergründig-Materielle aufrichtet in Sphären einer höheren Wirklichkeit. Über dem Eingang ist der Orgelchor, dessen Brüstung mit feinstem Gitterwerk sich in den Balustraden der seitlichen Oratorien fortsetzt. Ebenso phanta-

Reduit Tilly am Brückenkopf, Herzstück der bayerischen Landesfestung, Fassadengestaltung durch Leo von Klenze, ab 1828

Reduit Tilly am Brückenkopf, Herzstück der bayerischen Landesfestung, Fassadengestaltung durch Leo von Klenze, ab 1828

stisch ist der Rocailledekor an den großen Betstühlen zwischen den Fensternischen. Die Gemälde stammen von Gottfried Bernhard Göz (Augsburg), Melchior Puechner (Ingolstadt), Christoph Thomas Scheffler (Mainburg), D. Wolcker (Augsburg) aus der Mitte des 18. Jahrhunderts.

Der Hochaltar ist in eine baldachinbekrönte Nische eingebaut, die mit einem blau-silbernen Vorhang ausgeschlagen ist und von Säulen mit Engeln gerahmt wird. Das Hochaltargemälde, ein signiertes Werk von Franz Geiger 1675, ist aus dem Altar der Congregatio major im Jesuitenkolleg übernommen. Bedeutend sind die frankierenden geschnitzten Figuren der heiligen Patrone der Fakultäten, nämlich Cosmas (Medizin), Thomas von Aquino (Theologie), Ivo (Jurisprudenz) und Katharina von Alexandrien (Philosophie), Arbeiten des Dillinger Bildhauers Johann Michael Fischer (um 1763). Gewiß hatten die Asam eine andere Altarlösung vorgesehen. Angefügt sei noch ein Hinweis auf die in der Sakristei verwahrte berühmte Monstranz des Augsburger Goldschmiedes Johann Zeckl von 1708 mit der Darstellung der Seeschlacht von Lepanto vor einer strahlenden Glorie. Diese Monstranz wurde für die (1612 gegründete) Bürgerkongregation Maria de Victoria geschaffen, der nach der Verlegung der Universität (1800) der Betsaal übertragen wurde.

Das Bild der Baukunst des Spätbarock in Ingolstadt ist noch durch einige Profanbauten zu vervollständigen: in der Ludwigstraße (Nr. 5) das für Professor Crollalanza gebaute, später durch Freiherrn v. Ickstatt übernommene Wohnhaus aus der Zeit um 1740 mit schönem Rocailledekor an der fünfgeschossigen Fassade – nur die Fassade ist alt –, ähnlich das Haus Am Stein 5 und schließlich in der Theresienstraße Nr. 25 das stattliche ehemalige Landschaftsgebäude des kurfürstlichen Maurermeisters Veit Haltmayr von 1771/73 mit seiner durch Pilastervorlagen gegliederten, fünfachsigen Fassade und einem Giebel über dem Mittelteil. Es sind dies aber nur vereinzelte Spätlinge in einem Stadtbild, dessen Straßenwände sonst großenteils noch heute von den älteren Bauten bestimmt sind, deren schmale Fronten mit hohen Staffelgiebeln ihren Charakter trotz aller Umbauten bewahrt haben.

Lenken wir unsere Schritte nun an das Ostende der Ludwigstraße. Hier mündet der Straßenzug nicht geradlinig in den Auslaß. Vielmehr stellt sich das Schloß in den Weg, so daß die nach Osten fahrende Straße rechtwinklig nach Norden ausbiegen muß. Tatsächlich bestand aber in der geradlinigen Straßenführung bereits ein 1368 gegründetes Tor, und Stephan II. scheint seine Stadterweiterung und Neuummauerung eben hier begonnen zu haben. Trotzdem konnte vor allem aus fortifikatorischen Gründen kein anderer Platz in Frage kommen, als die Ablösung des vom Wachstum der Stadt allmählich schon umbauten Herzogskastens durch eine „Neuveste“ unabweisbar geworden war. Den Auftrag dazu erteilte Ludwig der Gebartete um 1417/18. Was nun entstand, war ein Bollwerk, wie es Bayern bis dahin nicht gekannt hatte. Ein dreigeschossiger Bau auf rechteckigem Grundriß mit Mauerstärken bis zu vier Metern, wie ein Riegel vor die Stadt gelegt. Dazu ein quadratischer Turm, übereck an die Südostkante gestellt und ein fünfeckiger Turm an der Nordostecke, ferner zwei schwächere Türme auf der Stadtseite. Im Inneren entstanden – neben schlichten Zweckräumen – prachtvoll gewölbte lichte Säle von erstaunlichen Ausmaßen, wobei an schönen, dekorativen Steinmetzarbeiten nicht gekargt ist. In diesem Aufwand erfüllte sich der Wille Ludwigs des Gebarteten, und man braucht sich nur seiner Rolle am französischen Königshof zu erinnern und das vor den Toren von Paris in Vincennes gelegene Schloß seiner Schwester Isabeau zu vergleichen, um zu wissen, wo diese Verbindung von berechnender Fortifikation mit einem neuen repräsentativen Lebensgefühl herkommt. Eigentümlichkeiten wie die Übereckstellung des „Bergfried“ schlagen eine Verbindung zum Bau der Pfarrkirche der Schönen Unserer Lieben Frau am anderen Stadtrand. Noch heute erfüllt jeder Besuch dieser Räume (in denen jetzt das Bayerische Armeemuseum würdig eingerichtet ist) mit Staunen. Wir begegnen dem steingemeißelten Wappen Ludwigs des Gebarteten und treten im Obergeschoß durch ein Portal, dessen Hohlkehle mit Masken, Affen und Blattranken ausgeziert ist wie der Rand einer französischen Miniaturhandschrift, in den südwestlichen Turmerker, von dem sich ein besonders ergiebiger Rundblick über Stadt und Donau bietet. Wir wissen nicht, ob der Herzog je des Gewordenen froh wurde. Nach seinem unseligen Ende regierten hier die Landshuter Herzoge, denen die Geschichte den Beinamen der „Reichen“ gegeben hat. Sie bauten die Räume aus, erhöhten die Türme und erweiterten und verbesserten die Anlage. Gegen die Stadt war das Schloß durch einen inneren und den äußeren Wassergraben geschützt. Das jetzige westliche Schloßtor ist ein späterer Neubau. Hier stand seit 1558 ein runder Schloßtorturm. Am Nordrand des großen Hofes steht der Kornkasten oder das Zeughaus, dessen Baumeister Georg Stern († 1565) war. Ihm gegenüber, getrennt durch den inneren Graben, das Gebäude der Statthalterei. Den Südrand des Hofes säumten Stallungen.

Das einstige Osttor der Stadtummauerung des 14. Jahrhunderts hat Ludwig der Gebartete in seinen Burgkomplex einbezogen. Es steht noch heute flankiert von einem ebenso hohen Rundturm hart neben dem überragenden fünfeckigen Bruder. Dafür mußte der Herzog der Stadt für die erzwungene Umgehungsstraße 1434 wenig nördlich ein neues Tor errichten lassen, einen schmucken Bau, dessen Staffelgiebel mit Lisenen besetzt war. 1870 wurde es abgebrochen. Die an diesem Tor angebrachten Inschriftsteine befinden sich jetzt im Städtischen Museum. Ein heraldisches Relief, ähnlich motiviert wie die Visierung des Grabmals Ludwigs des Gebarteten, kam in die erste Südkapelle des Chorumganges des Liebfrauenmünsters.

Vom Feldkirchner Tor erstreckt sich noch heute die Stadtummauerung, wie sie Stephan II. errichten ließ, wenn auch vielfach erneuert, bis zum nördlichen Auslaß, dem sog. Hardertor von 1373. Es wurde 1879 abgebrochen. Anschließt der Mauerkranz bis zu dem 1385 errichteten Kreuztor. In dem heute großenteils noch gut erhaltenen westlichen Mauergürtel ist das

Protestantische Kirche von K. Heideloff, 1846

Taschentor ein weiterer Auslaß. Das (1877 beseitigte) Donautor schloß 1430 die spätmittelalterliche Befestigung. Auf der Wasserseite der Stadt vom Münzbergturm bis zum Schloß genügte eine einfache Mauer mit einigen wenigen Wachttürmen. Sonst aber war es ein dichtes System von insgesamt 87 halbkreisförmigen Wehrtürmen und bewahrten Toren samt dem vorgelagerten Wassergraben.

Schon im weiteren Verlauf des 15. Jahrhunderts machte das Aufkommen der Feuergeschütze eine Verstärkung dieser Stadtbefestigung notwendig. 1539 begann unter der Leitung von Graf Reinhard Solms zu Münzenberg eine dritte Neuanlage, bei der man in den ausspringenden Winkeln der bisherigen Umgürtung Geschützbastionen vorschob, die Umwallung erhöhte und vor diesem Wall einen weiteren nassen Graben zog. Diese Arbeiten dauerten bis 1573. Sie wurden die Stärke Ingolstadts in der harten Erprobung des Dreißigjährigen Krieges.

Den Anblick der Stadt im späten 16. Jahrhundert zeigen zwei maßstabgetreue Stadtmodelle, die der Straubinger Drechsler Jakob Sandtner auf Geheiß Albrechts V. gefertigt hat. Das größere dieser beiden Modelle vom Jahr 1573 befand sich zusammen mit Modellen der anderen baierischen Herzogstädte in der Kunstkammer des Herzogs und kam mit diesen in das Bayerische Nationalmuseum. Diese Modelle haben einen Maßstab 1:2500. Einzigartig aber ist die Verkleinerung auf ein Sechstel dieses Maßstabes an dem 1571 datierten Modell, das sich im Rathaus zu Ingolstadt befand und jetzt im Historischen Museum der Stadt zu sehen ist. Diese Modelle bieten den schönsten Querschnitt durch die Jahresringe des Wachstums der Stadt in drei Jahrhunderten.

Die spätere Baugeschichte Ingolstadts ist – soweit wir ihre einzelnen Schöpfungen nicht schon besprochen haben – eine Geschichte der Festung. 1654-1679 wurde nach dem System Vaubans eine vierte Befestigung geschaffen mit ausgedehnten Bastionen und gedeckten Glacis. Dies war die Festung, die im Österreichischen Erbfolgekrieg 1743 von den Österreichern genommen und im Jahr 1800 auf Befehl Napoleons geschleift wurde. Zu der seit 1826 geplanten fünften Fortifikation hat 1828 König Ludwig I. den Grundstein gelegt. In Kriegen hatte Bayern so viel bitteres Unheil erlitten, daß es ein lebenswichtiges Anliegen des neuen Königreiches sein mußte, in seiner Mitte ein in aller Zukunft uneinnehmbares Bollwerk zu schaffen, eine „Burg" am strategisch wichtigen Straßenübergang über die Donau. Ingolstadts Festung hatte schon im Dreißigjährigen Krieg einer für das ganze Land entscheidenden Erprobung Stand gehalten. Was nun geschaffen wurde, war eine Umgürtung durch Anlagen in der damals modernsten Art, ein komplettes System der „Rundumverteidigung": auf dem Südufer der Donau der „Brückenkopf" mit dem gigantischen Reduit Tilly und den Türmen Bauer und Triva, auf der Nordseite der Donau gewaltige Umwallungen mit eingefügten, der Garnisonierung dienenden sog. Kavalierbauten, vorgelagerten Wassergraben und Glacis, sowie einem System von weit in das Umland vorgeschobenen Forts und Vorwerken.

Wir sprechen von diesen großzügigen Bauwerken mit besonderer Bewunderung, weil der König außer den Festungsbaumeistern zur Gestaltung auch den bedeutendsten Architekten seines Hofes, Leo von Klenze, zugezogen hat, so daß eine Kriegsarchitektur erwuchs, deren zweckbedingte Erscheinung zugleich aus dem Willen zum Monumentalen geprägt war. Es entstanden Bauwerke von einer wahrlich „römischen" Gesinnung, wobei die ernste Kargheit dieser Festungswerke zum Verzicht auf die im späten Klassizismus sonst üblichen dekorativen Zugaben nötigte. Vor allem bei den monumental angelegten Bauwerken des Brückenkopfes ist diese Abstraktheit ebenso großartig wie einzigartig. Eine Parallele ist nur die Rechnung abstrakter Volumina in der Anlage der Münchner Ludwigstraße.

Es folgte ein Jahrhundert ohne feindliche Einfälle. Ingolstadt wurde zur Garnisonsstadt. Der starre Festungscharakter wurde zur Fessel für das Wachstum der Stadt. Zugleich hatte er – mittelbar – eine konservierende Wirkung für die Altstadt. 1918 wurde der Zweck des um die Stadt gelegten fortifikatorischen Ringes illusorisch. Gleichwohl blieb fast alles beim alten, und im Dritten Reich füllten sich wieder die Kasernen und Exerzierplätze. Um so krasser war die Reaktion nach 1945. Um in der Not Baumaterial zu gewinnen, begann man, jene zwecklos gewordenen Festungswerke einzureißen, die sich in den vorausgegangenen Jahrzehnten der Ausweitung der Stadt als Barrikaden in den Weg gestellt hatten. Wo die Bagger den innersten Festungsgürtel aufbrachen, entstanden anklagende Wracks. Gleichzeitig begann eine neue industrielle Entwicklung, die außerhalb dieses innersten Festungsgürtels rundum Produktionsstätten und Wohnbezirke großzügig entstehen ließ. In diesem großräumlichen Wachstum erfüllen die einstigen Festungsglacis als schöne gärtnerische Grünanlagen und als Fermaten in der Scheidung von Altstadt und Neustadt eine neue städtebauliche Funktion mit dem Erfolg, daß auch die Festungsbauwerke des frühen 19. Jahrhunderts eine neue, ästhetische Anschaulichkeit gewinnen. In ihrer Erhaltung verbinden sich die Bestrebungen der Stadtbaukunst der Gegenwart, Atemräume im Häusermeer und organische Ringstraßen zu schaffen, mit dem Wunsch, die Monumente früherer Zeiten zum optischen Erlebnis werden zu lassen. Ob seiner Gelähmtheit in der für viele alte Städte so verderblichen Entwicklung im späten 19. und frühen 20. Jahrhundert bietet Ingolstadt besonders günstige städtebauliche Voraussetzungen. In dem jetzt durch die neue industrielle Kapazität verursachten großräumlichen Wachstum werden die bestmögliche Erhaltung der Altstadt und die ästhetische und verkehrstechnische Auswertung des fortifikatorischen Ringes auch rationell ein Gewinn für die entstehende Neustadt sein.

„Ingolstadt baut auf" – Unter diesem Titel hatte die Stadtverwaltung vier Rechenschaftsberichte über die großen Leistungen seit dem

Kirche St. Pius von J. Elfinger, 1957/58

Kriegsende publiziert. Inzwischen hat Ingolstadt, seit 1990 Großstadt, neue Dimensionen gewonnen. Auf dem Weg zum Oberzentrum der Region ist sie unstreitig wirtschaftliches und kulturelles Zentrum. Die Wunde des Verlusts der Universität im Jahre 1800 beginnt zu verheilen: Ingolstadt ist seit 1989 Sitz einer Wirtschaftswissenschaftlichen Fakultät der Katholischen Universität Eichstätt, seit 1994 auch einer Fachhochschule.

Am Südostrand der Stadt – nahe der Position des einstigen Tränktores – wurde 1960-1966 nach den Plänen des Architekten Hardt-Waltherr Hämer ein großartiger Neubau für das im Krieg zerstörte Stadttheater errichtet, also an jener Position, in der im Krieg Bomben das größte Loch in der Erscheinung der Altstadt aufgerissen haben. Der Bau korrespondiert mit dem benachbarten Herzogskasten ebenso wie mit dem Hochschloß Ludwigs des Gebarteten. Östlich des Neuen Schlosses im Gelände der einstigen Geschützgießerei ist ein Kongreßzentrum im Entstehen. Vorbei führt die Donauuferstraße, deren Verkehr sich dauernd steigert. Am anderen Ufer stehen Turmhäuser, die optisch zu den Altbauten des Brückenkopfes hinführen. Die riesigen Zirkularbauten sind heute samt und sonders saniert, das Gelände wurde zum „Klenzepark". Eine dritte Straßenbrücke über die Donau versucht Entlastung zu bringen.

Südlich schließen sich das ständig wachsende Bahnhofsviertel und neue Siedlungskomplexe an. Nicht weniger vehement ist das Wachstum im Bereich der peripheren, industriellen Neuanlagen und der korrespondierenden Wohnquartiere auf dem Nordufer der Donau. Im Norden der Stadt ist ein industrieller Schwerkpunkt entstanden, der die Bedeutung der Nord-Süd-Achse in der Stadtentwicklung deutlich werden läßt.

Die Dynamik dieser Erweiterungen ist so stark, daß das Verhalten dieser peripheren Neustädte zur schonungsbedürftigen Altstadt mit ihren mittelalterlichen und neuzeitlichen Umgürtungen einer behutsamen Lenkung bedarf. Eine weitblickende Stadtplanung sucht dem historischen Erbe ebenso gerecht zu werden wie der Herausforderung von Gegenwart und Zukunft. Die kluge Restaurierung des Kavalier Hepp 1972-1979 hat erneut die hohe künstlerische Bedeutung der aus dem 19. Jahrhundert erhalten gebliebenen stadtnahen Fortifikationen demonstriert und durch die erfolgreiche Adaptierung als Archiv und Museum die hervorragende Nutzbarkeit dieser Bauten in der Gegenwart erwiesen. Auch die Kavaliere Elbracht, Heideck und Zweibrücken sind heute vorbildlich saniert und neuen Funktionen zugeführt. Nirgendwo sonst läßt sich die Konfrontation des zirkularen und polygonalen Festungssystems besser studieren als in Ingolstadt. In den letzten Jahrzehnten ist ein breit gefächertes Angebot an Museen in historischen Gebäuden entstanden: das Bayerische Armeemuseum im Neuen Schloß und im Reduit Tilly, das Deutsche Medizinhistorische Museum in der einstigen Anatomie, das Stadtmuseum mit einer Abteilung Spielzeugmuseum im Kavalier Hepp, das Museum Konkreter Kunst mit einem Skulpturenpark und ein Bauerngerätemuseum im Stadtteil Zuchering.

An der Silhouette der Stadt, wie sie sich bei jeder Annäherung abzeichnet, kann man die ordnenden Elemente ablesen. Im Stadtkern die anfragenden Vertikalen des Turmes der Moritzkirche und des Pfeifturmes, dazu das Lineament der Giebel des Herzogkastens und die hohen, mächtiglangen Horizontalen der Dächer des Heiliggeistspitals im Süden und der Minoritenkirche im Norden. Dies ist der eigentliche Stadtkern. Den nächsten monumentalen Wachstumsring erkennen wir an den gewaltigen Volumina des Schlosses im Osten und der Münsterkirche im Westen, mit denen die Dachfirste des alten Pfründnerhauses, nämlich der nochmaligen Hohen Schule, und des Jesuitenkonviktes korrespondieren. Die mittelalterlichen Mauern mit ihren Türmen und Toren sind ebenso niedrig gehalten wie die neuzeitlichen Festungsanlagen. Außerhalb folgen die Wahrzeichen der Gegenwart: Hochbauten der Industrie und der Siedlungsblöcke, ebenso die Türme moderner Kirchen, Äußerungen einer in Vergangenheit und Gegenwart vielfach erprobten Lebenskraft.

Künstlerverzeichnis

Cosmas Damian Asam, Maler und Architekt. Geb. 1686 in Benediktbeuern. Nach Lehre bei seinem Vater Hans Georg 1711/13 Ausbildung an der Academia di San Luca in Rom. Tätig gemeinschaftlich mit seinem Bruder Egid Quirin. Seit 1714 Werke in Baiern, Böhmen, Schwaben, Tirol und in der Schweiz. † 1739 in München.

Egid Quirin Asam, Stukkator und Bildhauer. Geb. 1692 in Tegernsee. Schüler von Andreas Faistenberger in München. 1712/13 an der Academia di San Luca in Rom. 1716 Meister in München. Zusammenarbeit mit seinem Bruder Cosmas Damian. Tätig auch als Architekt und als Maler. † 1750 in Mannheim.

Heinrich Behaim (Beheim, Behem), Rechnungsführer der Baumaßnahmen am Neuen Schloß, nachweisbar 1481–1489.

Joseph Anton Breitenauer, Bildhauer. Geb. 1722 in Hochaltingen. † 1785 in Eichstätt.

Joseph Friedrich Canzler, Goldschmied, München. Meister 1748, nachweisbar bis 1780. Hat 1786 ebenfalls nach Modellen Ignaz Günthers für den Münchner Bürgersaal vier Silberbüsten geschaffen.

Hans Daucher, Bildhauer und Medailleur. Geb. 1488 in Ulm (?), 1514 Meister in Augsburg. Seit 1536 in herzoglich württembergischem Dienst, † 1538 in Stuttgart. Er schuf meist in Solnhofener Stein Epitaphien, Reliefaltäre, kleinplastische Bildwerke.

Hans Degler, Bildschnitzer. Geb. 1564 in München (?). Seit 1590 in Weilheim. † 1632/33. Von seiner Hand stammen die monumentalen Schnitzaltäre von 1604/07 im Chor von St. Ulrich und Afra in Augsburg.

Caspar Dietrich, Stück- und Glockengießer, geb. 1526 oder 1527, tätig 1552 in München, seit 1554 in Ingolstadt. † 1594.

Melchior Feselen, Maler. Stammend aus einer Nördlinger Familie. In Ingolstadt von 1521 bis zu seinem Tod 1538 tätig, auch für die Höfe in München und Neuburg. Ein Repräsentant der Donauschule.

Johann Michael Fischer, Baumeister. Geb. 1692 in Burglengenfeld (Oberpfalz). Wanderschaft in Böhmen und Mähren. 1723 Meister in München. Sein Grabstein von 1766 an der Münchner Frauenkirche nennt 32 Kirchen und 23 Klöster nebst vielen weltlichen Bauten als sein Lebenswerk.

Museum für Konkrete Kunst mit Freigelände

Johann Michael Fischer, Bildschnitzer, Dillingen, † 1801.

Franz Josef Geiger, Hofmaler in Landshut, Hochaltarbild von Maria de Victoria 1675 signiert. Apostelbilder des Münsters 1676/77. In Landshut † nach 1716.

Hubert Gerhard, Bildhauer. Geb. um 1540/50 in Amsterdam. Nach Studien in Italien seit 1581 in Augsburg und für Herzog Wilhelm V. in München tätig. † 1622/23 in München.

Gottfried Bernhard Göz, Maler und Kupferstecher, geb. 1708 in Welehrad (Mähren). Entscheidend der Einfluß von Johann Georg Bergmüller in Augsburg. Hier Meister 1733. † 1774.

Hans Greiff, Goldschmied in Ingolstadt, nachweisbar seit 1473. Mitglied des Rates, zwischen 1498 und 1501 Bürgermeister. † 1516.

Ignaz Günther, Bildhauer. Geb. 1725 als Sohn des Schreiners und Bildhauers Johann Georg G. in Altmannstein. 1743 Lehre bei Johann Bapt. Straub in München. Anschließend Wanderjahre: 1750. in Salzburg, 1751 bei Paul Egell in Mannheim, in Mähren, 1753 an der Akademie in Wien. Seit 1754 Hofbefreiter Bildhauer in München bis zu seinem Tod 1775 in München.

Veit Haltmayr, aus Stadtamhof, kurfürstlicher Maurermeister in Ingolstadt, nachweisbar seit 1750. † wohl 1793. Repräsentative Amtsgebäude waren sein Werk.

Hans von Burghausen. Sein Neffe war Hans Stethaimer in Landshut. Baumeister der großartigsten Kirchen in Landshut, Salzburg, Neuötting, Straubing, Wasserburg. † 1432 in Landshut.

Erhard Heidenreich, Baumeister und Bildhauer. Unter Roritzer in der Dombauhütte von Regensburg. 1496 Bürger in Regensburg, 1514/24 Dombaumeister. 1504/24 Baumeister an der Pfarrkirche zu U. L. Schönen Frau in Ingolstadt. Sein Nachfolger wurde sein Sohn Ulrich, ab 1514 Parlier und 1526–1536 offizieller Baumeister am Münster.

Philipp Helderhoff, Maler. Geb. um 1725 in Cham. Schüler von J. B. Zimmermann in München. Hier tätig bis zu seinem Tod 1807.

Loy Hering, Bildhauer. 1499 in der Lehre bei Hans Peuerlin in Augsburg. Anschließend in Augsburg und seit 1513 in Eichstätt tätig. Berühmt vor allem durch seine Epitaphien in Solnhofener Stein. † um 1555.

Gabriel Herlin, Maler, tätig u. a. für das Neue Schloß 1486–1493, vielleicht Verwandter Friedrich Herlins (Nördlingen).

Leo von Klenze, Architekt. Geb. 1784 nahe Goslar. Studium in Berlin, Hofbaumeister in Kassel. Aufenthalte in Italien, Paris, Wien. Seit 1816 in München im Dienst des damaligen Kronprinzen, späteren Königs Ludwig. Schöpfer der Ludovizianischen Monumentalbauten in München. Weithin aktiv, z. B. auch in Athen und in St. Petersburg. † 1864 in München.

Hans Krumper, Bildhauer und Architekt. Geb. um 1570 in Weilheim. Von 1584 bis zu seinem Tod 1634 am Münchner Hof tätig.

Hans Leinberger, Bildhauer, Bildschnitzer. In Landshut seit spätestens 1510 nachweisbar. Stand im Dienst des Herzogs Ludwig X. Tätig auch für Kaiser Maximilian. † nach 1530.

Hans Muelich, Maler. München 1516-1573. Schüler seines Vaters Wolfgang M. und Albrecht Altdorfers in Regensburg. 1543 Meister. Hofmaler Herzog Albrechts V.

Hans Multscher, Bildschnitzer und Maler. Geb. in Reichenhofen bei Leutkirch (Allgäu). Seit 1417 in Ulm eingebürgert. Meister geschnitzter und gemalter Flügelaltäre. Grabmal der Gräfin Mechthild in Tübingen. Multscher starb 1467.

Michael Anton Prunthaller, geb. 1684 in Kelheim, Bürger in Ingolstadt ab 1708, Stadtmaurermeister. † 1750.

Melchior Puechner, Maler. Geb. 1695 in Schongau, † 1758 in Ingolstadt, Schöpfer vieler Fresken und Altarbilder.

Hans Rottaler, Baumeister der Pfarrkirche zu U. L. Schönen Frau in Ingolstadt ca. 1480–1504 (Einwölbung 1503/04).

Stephan Rottaler, Sohn des Hans R., Bildhauer. 1503/33. Um 1512 Niederlassung in Landshut. Tätig auch für Herzog Ludwig X.

Jakob Sandtner, Drechsler in Straubing, 1561-1580 nachweisbar. S. erstellte im Auftrag von Herzog Albrecht V. für dessen Münchner Kunstkammer 1568 -1574 maßstabgetreue Wiedergaben der fünf bairischen Herzogstädte, von Ingolstadt auch ein „Modell“ in kleinerem Maßstab.

Christoph Thomas Scheffler, Maler. Geb. 1699 in Mainburg. Seit 1728 in Augsburg. † 1756.

Johann Joseph Schöpf, Maler. Geb. um 1735 in Prag. 1761 in Diensten des Münchner Hofes nachweisbar. † 1785.

Gerhard Seghers, Maler. Antwerpen 1591-1651. Schüler des Abraham Janssens. 1608/9 Meister.

Gabriel von Seidl, Architekt. Geb. 1848 in München. Schüler von G. Neureuther. Einflußreicher Baukünstler in München in der Zeit des Prinzregenten. Die Neurenaissance seiner Umgestaltung des Ingolstädter Rathauses 1882 war ein Muster der Stilassoziationen. † 1913.

Friedrich Sphys (Spys, Spiess), leitender Baumeister am Münster zwischen ca. 1460 und ca. 1480.

Georg Stern, Unter der Regie von Graf Solms-Münzenberg maßgeblicher Architekt der 1549 vollendeten Festungswerke und anderer Bauwerke um 1560 in Ingolstadt. † 1565.

Balthasar Stoll, Bildhauer. Aus Berchtesgaden. Im Franziskanerkloster Ingolstadt nachweislich seit 1608 tätig, nach 1613 in Geisenfeld.

Michael Vogl, Drechsler. In Ingolstadt eingebürgert.

Hans Tichter, ausführender Meister der Bauarbeiten am Neuen Schloß, nachweisbar 1450–1476, vielleicht ein Verwandter Michael Tichters in Wien.

Hans Wertinger, Maler. 1491 Bürger in Landshut. Tätig am Hof Herzog Georgs des Reichen und Ludwigs X. † 1533.

Stephan Westholzer, als Baumeister am Neuen Schloß nachweisbar 1476–1492.

Hans Wiesreuter, Kistler. In München nachweisbar seit 1548.

Hans Wörner, Bildhauer in München. Tätig für Herzog Albrecht V.

D. Wolcker, Meister in Augsburg 1729. 1552/53 beteiligt an den Wandbildern in der Kirche Maria de Victoria. † 1766.

Johann Zeckl, Goldschmied. Geb. in Wojkowitz (Mähren), von 1691 bis zu seinem Tod 1728 in Augsburg tätig.

Nachwort zur 3. Auflage 1980

Die vorliegende dritte Auflage dieser Monographie konnte ich nur ob der großzügigen Hilfen des Direktors des Archivs und des Museums der Stadt Ingolstadt, Herrn Dr. Siegfried Hofmann besorgen. Er veranlaßte die Beschaffung wichtiger neuer Reproduktionsvorlagen. Er teilte mir viele neue Interpretierungen, sowie durch Veränderungen der Verwendungszwecke, durch Erneuerungen, Konservierungen und Restaurierungen notwendig gewordene Korrekturen mit. Erheblich waren auch die Ergebnisse der Forschung. Ich zitiere nur das durch Herrn Dr. Hans Reissmüller 1974 im Verlag des Donau Courier Ingolstadt veröffentlichte fundamentale Werk über Ingolstadt, die durch Herrn Dr. Hofmann redigierten Fortsetzungen des Sammelblattes des Historischen Vereins Ingolstadt und Publikationen der durch Herrn Dr. Volker Liedke edierten „Ars Bavarica“. Ich kann Herrn Dr. Hofmann für seine Hilfen nicht genug danken. Nichts ist schöner, als daß fortgesetzt Meinungen durch neue Erkenntnisse der Forschung ersetzt werden. Es bleiben weiterhin viele Nüsse zu knacken.

Theodor Müller

Zur 4. Auflage 1998

Aus Respekt vor der sprachlichen und kunsthistorischen Meisterschaft Theodor Müllers wurde im Haupttext der 3. Auflage nur an wenigen Stellen und mit größter Behutsamkeit eingegriffen. Der angefügte zweite Teil „Dokumentation“ bietet weiterführende Details und neuere Ergebnisse der Forschung. Literaturangaben wurden auf ein Mindestmaß begrenzt. Die Seitenverweise der „Dokumentation“ beziehen sich auf den Haupttext Theodor Müllers. Mein herzlicher Dank gilt Frau Dr. Beatrix Schönewald.

Siegfried Hofmann

Blick auf das Stadttheater von H. W. Hämer, 1966, zwischen dem Alten Schloß („Herzogskasten") und Turm Triva (südlich der Donau)

Siegfried Hofmann

DOKUMENTATION

Zu S. 3: Vom karolingischen Kammergut zur Stadt des 13. Jahrhunderts

8. Jh. Ingolstadt ist wohl agilolfingisches Herzogsgut und wird spätestens bei der Absetzung Herzog Tassilos 788 zum karolingischen Kammergut.

741/43 Bei der Gründung des Bistums Eichstätt gewinnt das Bistum Eichstätt Zugang zur Donau bzw. zum Donauübergang bei Ingolstadt in Gestalt eines keilförmigen Landstrichs zwischen den Bistümern Augsburg/Neuburg und Regensburg, dessen Spitze Ingolstadt bildet.

806 Am 6.2. Projekt einer Teilung des Reichs unter die Söhne Karls des Großen. Pippin wird Bayern zugesprochen, wie dieses Tassilo innehatte, jedoch außer Ingolstadt und Lauterhofen mit dem Nordgau, die für Pippins Bruder Karl als Zugang nach Italien offen gehalten werden. Dies unterstreicht die Bedeutung dieses Donauübergangs und des Verkehrswegs von Norden nach Süden.

817 In der „Ordinatio imperii" erhält Ludwig der Deutsche durch Kaiser Ludwig den Frommen mit Bayern die Kammergüter („villae dominicales") Ingolstadt und Lauterhofen im Nordgau zugeteilt.

841 Ludwig der Deutsche übereignet am 18.8. Abt Gozbald von Niederaltaich für treue Dienste u.a. das karolingische Kammergut Ingolstadt mit einem Herrenhof, 2 Kirchen, 22 Hörigenmansen und 12 Mansen für Sintmannen (könig-

liche Boten). Aus dem Text der Urkunde geht nicht eindeutig hervor, ob die Schenkung das karolingische Kammergut als Ganzes oder nur Teile umfaßte und ein Rest in königlicher Hand bleibt. 851 gibt Gozbald seinen Besitz an sein Kloster Niederaltaich weiter. Das Niederaltaicher Klostergut umfaßt somit den Herrenhof und 34 Mansen (Höfe einer bestimmten Größe), letztere sicherlich in Streulage. Die Lage vor allem des Herrenhofs (der „curia dominicata") und damit des Ingolstädter Donauübergangs ist strittig. Neben dem Stadtkern Ingolstadt, für den bei allerdings erst partiell durchgeführten Grabungen archäologische Nachweise fehlen, wird vor allem Feldkirchen – ebenfalls ohne archäologische Nachweise für das 7.–9. Jahrhundert und in verwunderlicher Randlage der Villikation und auch des Eichstätter Zugriffs auf die Donau in die Diskussion gebracht.

Um 1200 Präurbane Siedlungskerne der späteren Stadt liegen im Südwesteck der Altstadt im Schutterknie als „altem Kornmarkt" mit Georgskirchlein in der Schäffbräustraße, im Bereich westlich des Herzogskastens und der Kirche St. Moritz mit Pfarrhof und Klosterhof (Zehenthof).

Um 1231 Ingolstadt wird im ältesten bayerischen Herzogsurbar mit ansehnlichem herzoglichen Besitz „stat" genannt. Lagebezeichnungen wie „in derselben stat" lassen auf eine gewissse Siedlungsverdichtung bzw. Schwerpunktbildung schließen, ohne daß diese mit der wenig später gegründeten Stadt gleichgesetzt werden könnte.

Um 1250 Durch den bayerischen Herzog wird eine neue Stadt unter teilweiser Integration präurbaner Kerne als planmäßige rechteckige Anlage mit einer Straßenkreuzung im Zentrum (Schliffelmarkt) geschaffen, rechtwinklig erschlossen und mit Wall und Graben umgeben. Um 1250 bzw. nach der Landesteilung 1255 wird in ihrem Südosteck eine Burg für den durch das Land reisenden herzoglichen Hof in Bezug auf die tiefer liegende Lände an der Donau und die Mündung der Schutter errichtet.

1312 Ludwig der Bayer, an den ein durch die Landesteilung 1310 geschaffenes Teilherzogtum (bis 1313) mit Ingolstadt als Hauptstadt gefallen war, bestätigt am 25.7. das Ingolstädter Stadtrecht, das spätestens nun kodifiziert wird.

Lit.: H. Freilinger, Historische Lagebeziehungen. – Präurbane Strukturen. – Ausprägung der Urbanität, in: Ingolstadt I, S. 69-119. – S. Hofmann, Herzogsgut an der Donau zwischen Lech und Kelheim im 13. Jahrhundert unter besonderer Berücksichtigung der Landkreise Eichstätt und Pfaffenhofen sowie der Stadt Ingolstadt. Eine Zwischenbilanz. Teil II, in: Sbl. 92. Jahrg. (1981), S. 43-121, bes. S. 87-95. – Ders., Eichstätt-Ingolstadt-Neuburg im 8. und 9. Jahrhundert ..., in: Sbl. 102. und 103. Jahrg. (1993/94), S. 9-94. – Ders., Die bayerischen Landesteilungen von 1255 und 1392: Auswirkungen – Perspektiven, ebenda, S. 105-129. – Th. Straub, Ingolstadt – Residenzstadt im Wandel vom 13. bis zum 15. Jahrhundert, ebenda, S. 131-158.

Zu S. 3: Kanontafel aus einem Evangelienbuch aus Ingolstadt, Mitte 9. Jahrhundert

9. Jh. Von dem durch Abt Gozbald von Niederaltaich um die Mitte des 9. Jahrhunderts in Auftrag gegebenen Evangelienbuch sind 62 Blätter erhalten. Diese werden 1687-1693 bei Einbänden der „Hällingischen Saltz- und Gelt-Rechnungen" des Salzamts Ingolstadt verarbeitet. Mit hoher Wahrscheinlichkeit hat Abt Gozbald von Niederaltaich diese Handschrift beauftragt und der Hauptkirche des ihm 841 übereigneten Kammerguts zu Ingolstadt geschenkt.

Bay. Staatsbibliothek München, Clm. 27270. – Lit.: Katalog der lateinischen Handschriften der Bayerischen Staatsbibliothek München, IV/5, beschrieben von H. Hauke, Wiesbaden 1975 (dort weitere Literatur).

Zu S. 8: Das Münster zur Schönen Unserer Lieben Frau

1409 Am 11.1. Errichtung der 2. Pfarrei Ingolstadts mit Dotierung durch Herzog Stephan den Kneißel (1408). Eine erste vorläufige Kirche aus Holz wird errichtet.

1425 Grundsteinlegung der neuen Kirche am 18.5. – nach Dr. Ecks Pfarrbuch durch Herzog Ludwig den Gebarteten – , wobei „pawmaister“ (verantwortliche Kirchenpröpste als Verwaltungsleiter) laut Inschrifttafel anläßlich der Grundsteinlegung am Südportal die Ingolstädter Bürger Konrad Glätzl und Heinrich „Snelmvlner“ sind. Ob der Herzog tatsächlich persönlich den Grundstein gelegt hat, ist strittig. Dieser steht zu diesem Zeitpunkt im Kirchenbann, am 5. Mai 1425 wendet er sich an Papst Martin V. gegen die verhängte Exkommunikation. Bau und Ausstattung der Kirche durch den Herzog stehen fortan im Spannungsfeld der Auseinandersetzungen zwischen dem Herzog und der Kirche. Der erste Architekt läßt die Kenntnis der Werke der Parler und Hans von Burghausens erkennen.

1429 Herzog Ludwig der Gebartete bestimmt am 8.7. die Kirche als Begräbnisstätte für sich und seine Familie, stattet sie mit einer entsprechenden Stiftung und Reliquien aus und gibt Anweisungen für das Grab sowie die Errichtung von Altären. Diese Grundausstattung mit Stiftungen wird in der Folgezeit zu einer vielfältigen liturgischen Konzeption erweitert, die aber nur zum Teil bis zu seinem Tod 1447 realisiert werden kann. Die Kapellen um den Chor entstehen. Die Kirche ist sowohl Herrschaftskirche, in der für den Herzog, sein Haus, seine Herrschaft und das ganze Land gewirkt werden soll, als auch Kirche der zweiten Ingolstädter Pfarrei.

1438 Herzog Ludwig der Gebartete schenkt an die Kirche am 17.12. ein kostbares Bildwerk Mariens, ein Werk Pariser Hofkunst von ca. 1400, mit der Bestimmung, daß die Kirche nach diesem künftig den Titel „zu der schonen unser frauen“ tragen soll. Es wird zur „Gnad“ und schließlich 1801 vom Staat eingezogen und zuletzt auf staatlichen Befehl um seines Materialwerts willen zerstört. Ein ähnliches, 1441 vom Herzog dieser Kirche übereignetes Werk (das „Goldene Rössel“) kommt schließlich an das Stift Altötting und bleibt dort erhalten.

Seite aus dem fragmentarisch erhaltenen Evangelienbuch für die Kirche des niederaltaichischen Klosterguts in Ingolstadt, 9. Jahrhundert

1439 Weihe des Chores.

1441 Kaiser Friedrich nimmt am 26.1. die Stiftung des Herzogs für diese Kirche in seinen besonderen Schutz und ernennt am 10. Mai den Reichskanzler Propst Konrad von St. Stephan in Wien zum Konservator und Beschützer. Am 25. September bestellt er den Erzkanzler Dietrich von Mainz zum Konservator der Stiftungen.

1441 Herzog Ludwig der Gebartete, wiewohl von seinem Sohn Ludwig dem Höckrigen aus Ingolstadt vertrieben, macht am 4.11. weitere, ins Gigantisch-Eschatolgische ausgreifende Stiftungen für die Kirche und gibt den Auftrag, einen hinteren versperrten Chor (Westchor nach dem Vorbild des Chors von St. Georg in Nördlingen) zu errichten. Es ensteht ein riesiger, der liturgischen Funktion nach doppelchöriger Raum, gedacht als eine Kirche auf Eingebung des Heiligen Geistes, die Stiftung eines Exkommunizierten bzw. Gebannten und dennoch Herrschaftskirche, zugleich auch Pfarrkirche. Die Doppelturmfassade mit der diagonalen Stellung der Türme ist Teil des „Westwerks“ mit kathedralartigem Anspruch und einem Chor der 1000 Armen, denen das Himmelreich verheißen ist und die an den 144 000 Geretteten am Ende der Tage teilhaben werden.

1449 Herzog Heinrich von Bayern-Landshut, an den das Teilherzogtum Bayern-Ingolstadt gefallen war, bestätigt am 8.9. unter Klärung der finanziellen Situation die Stiftungen Herzog Ludwigs des Gebarteten in stark reduzierter Gestalt.

Ab 1451 Weiterbau.

1460/70 Leiter des Baus ist nun Meister Friedrich Spys.

Um 1480 Die Leitung des Baus übernimmt Hanns Rottaler.

1491/92 Das Dachwerk ensteht, nachdem 1489 das umlaufende Kranzgesims aufgesetzt wurde, es setzt noch eine reine Halle mit gleich hohen Schiffen voraus.

1503/04 Das Mittelschiff wird durch Hanns Rottaler um 5 Meter erhöht, die Staffelhalle entsteht unter Eingriff in das Dachwerk, die Einwölbung ist das Werk Rottalers.

1509 Beginn des Baus der Seitenkapellen des Schiffs an der Nordseite duch Erhard Heidenreich.

1514 Ulrich Heidenreich führt den Bau der Seitenkapellen an der Südseite des Schiffs fort. Es entstehen Wölbungen, in denen sich die Ideen der himmlischen Stadt mit geometrischen Rippenfigurationen und der Laube (Paradiesesgarten, Wald) zu einer außergewöhnlichen Einheit fügen.

Lit.: F. W. Fischer, Die Stadtpfarrkirche zur Schönen Unserer Lieben Frau, in: Ingolstadt I, S. 295-355. Th. Straub, Die Hausstiftung der Wittelsbacher in Ingolstadt, in: Sbl., 87. Jahrg. (1978), S. 20-144. – S. Hofmann, Die liturgischen Stiftungen Herzog Ludwigs des Gebarteten für die Kirche zur Schönen Unserer Lieben Frau in Ingolstadt. Ein Beitrag zum Verhältnis von Liturgie und Hallenkirche, ebenda, S. 145-266 . – Hofmann-Reissmüller, Ingolstadt an der Donau, S. 295. – S. Hofmann, Werke der Goldschmiedekunst in und aus Ingolstadt, in: Goldschmiedearbeiten in und aus Ingolstadt (Kat. zu einer Ausstellung im Stadtmuseum Ingolstadt), Ingolstadt 1988 (dort über das Ende der „Gnad“, S. 21-30. – Das Goldene Rössl. Ein Meisterwerk der Pariser Hofkunst um 1400 (Kat. zu einer Ausstellung im Bayerischen Nationalmuseum), München 1995.

Zu S. 10: Hans Multscher: Modell für das Hochgrab Herzog Ludwigs des Gebarteten (Bayerisches Nationalmuseum München)

Das Modell für die Deckplatte des Hochgrabs Herzog Ludwigs des Gebarteten von Hans Multscher von 1430/35 zeigt vor der heiligsten Dreifaltigkeit einen auf einem Löwen knieenden „gewappneten man“ mit Fahnenlanze und Wappenschild, im Oberwappen den geflügelten Löwen. Gottvater, mit einer Bügelkrone auf dem Haupt, hält in seinen Händen das Kreuz mit dem „zarten Fronleichnam“ des Gekreuzigten (Gnadenstuhl), ein Engel umfängt den Stamm des Kreuzes, zu seiten zwei adorierende Engel, deren einer in die bayerische Rautenfahne greift, der Bildgrund ist mit der Sonnenscheibe bzw. dem Sonnenspiegel, mit einer Krone und dem Oswaldraben mit dem Ring im Schnabel als persönlichem Attribut des Herzogs belegt. In dem Knienden dürfte sich der im Kirchenbann stehende und wohl deshalb nicht im Bild unmittelbar wiedergebene Herzog vergegenwärtigt gesehen haben. Die Sonnenscheibe ist wohl ein Hinweis darauf, daß er dem Ritterorden der „chevaliers du soleil d'or“ angehört hat.

Gegenüber dem in einer der südlichen Chorkapellen des Münsters vorzufindenden Entwurf eines wohl örtlichen Bildhauers, bei dem die Abbildbereiche des Himmels und der Erde als Kuben voneinander geschieden sind und zwischen die beiden adorierenden Engel und den Gnadenstuhl die legendäre Pamiga mit dem (heute verloren gegangenen) Ring eingeschoben ist, gibt das Multscher'sche Modell einen einheitlichen Bildraum wieder, wobei der Bildbereich mit dem Gnadenstuhl, dem Knienden und dessen Schild und Fahne über den von einem gewundenen Schriftband umgebenen Rahmen in den Raum hinausgreift.

In einer Urkunde vom 6. Juli 1429 gab Herzog Ludwig der Gebartete den Auftrag zu einem Hochgrab „aus rotem und guten marmelstein, darauf sol man hauen die figur der hailgen trivaltikeit und ainen gewappneten man mit unserm helm und schilt von unserm wappen, der knie vor der hailigen trivaltikeit auf einem oder zwain knien, welches pesser sei, und das er die paner in der hand hab und

Münster zur Schönen Unserer Lieben Frau, Engelspietà, 1477, Epitaph für Wolfgang und Barbara Schramm († 1499 bzw. 1508) mit Wappen in naturalistischer Laubenarchitektur und Epitaph für Johann und Leonhard Plümel, seitlich Mariens wappenhaltende Renaissance-Putten auf Säulen, 1499 (am südöstlichen Choransatz)

die wort fur die trinidet gehauen: „O sancta trinitas, miserere mei und vergib mir all mein sünd", auch unser liberei, den spiegel, sand Oswalds rabe, sust darauf gesträt, und ain winten von kestenlauber so vmb den stain gen". Für dieses Grabmal solle man den „besten werkman und visirer" gewinnen, den man finden könne. Man fand diesen in Hans Multscher. Der vorgesehene Marmorblock liegt heute im Boden des Münsterchors eingelassen. Mit hoher Wahrscheinlichkeit gehört trotz des Einspruchs von M. Tripps, der in seinem Urteil die Inschriften auf der Rückseite völlig außer Betracht läßt, in den Zusammenhang mit Hochgrab und zugehörigem Altar auch das Multschersche Dreifaltigkeitsrelief im Liebieghaus in Frankfurt.

Der außerordentliche Rang der Multscher'schen Visier (Entwurf) ist Ausweis für den hohen, vom Ingolstädter Herzog erhobenen künstlerischen Anspruch und unbestritten. Wilhelm Pinder hatte das Modell „eine der höchsten Kostbarkeiten deutscher Kunst" genannt, „mit unsäglicher Genauigkeit geschnitten", in ihm lebe ebensoviel Sicherheit feinsten höfischen Ausdrucks wie Kraft ganz unhöfisch persönlicher Leidenschaft". Der Moskauer Kunsthistoriker Michael J. Liebmann rühmte nicht nur die goldschmiedeartigen Feinheit und besondere Eleganz, sondern auch die künstlerische Einzigartigkeit: „...die deutsche Kunst kannte bis dahin keine so realistische und plastisch ausgeformte Darstellung des menschlichen Körpers" – und: „Selbst in der italienischen Plastik des frühen Quattrocento findet man kaum eine ähnlich überzeugende plastische Darstellung des menschlichen Körpers". Theodor Müller ist hier wohl die vollendetste Würdigung zu verdanken.

Lit.: Th. Müller, Die Wittelsbachische Grablege, in: Ingolstadt I, S. 357-372. – Th. Straub, Die Hausstiftung der Wittelsbacher in Ingolstadt, in Sbl., 87. Jahrg. (1978), S. 20-144. – S. Hofmann, Die liturgischen Stiftungen Herzog Ludwigs des Gebarteten für die Kirche zur Schönen Unserer Lieben Frau in Ingolstadt, ebenda, S. 145-266. – Ders., Ingolstädter Thesen zum „Münchener Oswald", das Oswaldlied und Ingolstadt, Teil I in: Sbl. 96. Jahrg. (1987), S. 85-164 und Teil II in: Sbl., 97. Jahrg. (1988), S. 83-134. – Ders., Das Frankfurter Dreifaltigkeitsrelief Hans Multschers: eine Stiftung für das Ingolstädter Münster? in: Sbl. 98. Jahrg. (1989), S. 37-63. – Hans Multscher. Bildhauer der Spätgotik in Ulm. Eine Ausstellung des Ulmer Museums und des Württembergischen Landesmuseums, Stuttgart 1997, S. 198-161 u.a.

Zu S. 14: „Kreuz des P. Jakob Rem" im Münster

12. Jh. Das Kreuz in der drittletzten Kapelle des Münsters wurde der Legende nach auf der Donau angeschwemmt und befand sich im 17. und 18. Jahrhundert im Oratorium des 1595 von P. Jakob Rem gegründeten Colloquium Marianum im Jesuitenkolleg, wo es seitlich

des Altars der Dreimal Wunderbaren Mutter zur Aufstellung gekommen war. Es hängt heute zwischen den Porträts des hl. Petrus Canisius, den auf Bitten des bayerischen Herzogs der hl. Ignatius mit Claudius Jayus und Alfons Salmeron nach Ingolstadt gesandt hatte, um an der Landesuniversität theologische Lehrstühle zu übernehmen und eine Niederlassung der Jesuiten zu gründen, sowie des P. Jakob Rem. An der Fensterwand das Memoriale mit Bild und Reliquien des am 12. Oktober 1618 in Ingolstadt verstorbenen P. Jakob Rem.

Lit.: A. Höß, P. Jakob Rem S.J., München 1953. – Die Jesuiten in Ingolstadt (Kat. zu einer Ausstellung des Stadtachivs, der Wissenschaftlichen Stadtbibliothek und des Stadtmuseums Ingolstadt), Ingolstadt 1991.

Zu S. 14: Altar mit dem Bild der „Mater ter admirabilis"

1570/1604 Bild der Dreimal Wunderbaren Mutter. 1571 wird von dem General der Jesuiten Franz Borgia auch dem Ingolstädter Jesuitenkolleg eine Kopie des Gnadenbilds „Salus Populi Romani" in Maria Maggiore in Rom geschenkt. In Ingolstadt wird es zum zentralen Bild des Altars im Colloquium Marianum des Jesuitenkollegs. Im Jahre 1604 wird es dann der Legende nach beim Gebet der Lauretanischen Litanei bei mehrmaliger Wiederholung der Anrufung Mater admiralbilis während einer Vision P. Rems zur Dreimal Wunderbaren Mutter (Mater ter admirabilis). Ein Votivbild an der Fensterwand zeigt das legendäre Geschehen. Daneben eine Figur P. Rems, kniend auf Wolken, von ca. 1630, wohl ein Werk des Ingolstädter Bildhauers Georg Maurer.

Lit.: Höß: a. a.O. – S. Hofmann, Die Skulptur P. Jakob Rems im Ingolstädter Münster – ein Werk Georg Maurers? in: Sbl., 81. Jahrg. (1972), S. 199. – Die Jesuiten in Ingolstadt, S. 207f.

Zu S. 14: Marientod

Um 1490 Schnitzwerk eines **Marientodes** in der zweitletzten Seitenkapelle aus dem Hl.-Geist-Spital. Der Bildhauer ist unbekannt, vielleicht ein Ingolstädter Meister.

Zu S. 14: Flügelaltar

1520/30 Flügelaltar in der drittletzten Chorkapelle. Er ist eine Stiftung des Abtes Wolfgang Marius von Aldersbach, vielleicht für die Wallfahrtskirche in Kößlarn. Um 1870 erwirbt ihn das Ingolstädter Münster. Er dürfte das Werk eines Landshuter Bildhauers und des Malers Hanns Nagl in Pfarrkirchen sein.

Lit.: Friedrich Lenhardt, Der Altar des Abts Wolfgang Marius von Aldersbach im Ingolstädter Münster, in: Sbl. 92, Jahrg. (1983), S. 145-164.

Zu S. 16: Glasfenster

Von der einstigen Ausstattung des Ingolstädter Münsters hat sich eine Reihe von Glasfenstern erhalten, die sich Einzelstiftungen von Professoren, Bürgern und Zünften verdanken und heute als Bandverglasung im Chorumgang zusammengefaßt oder als Einzelscheiben in den südlichen Seitenkapellen zu sehen sind. Im frühen 18. Jahrhundert mußte die alte, nur gedämpftes Licht zulassende Verglasung dem Wunsch nach einer helleren Kirche weichen. Die Glasfenster im Chorumgang folgen einer zeitlichen, im Norden einsetzenden Anordnung, die von ca. 1495 bis ca. 1520 reicht und im zentralen Fenster von 1527 ihren Höhepunkt erhält.

Von links: im 1. Fenster Maria Magdalena, Christus als Schmerzensmann, Schutzmantelmadonna, Jakobus d.Ä. (alle ca. 1494/95) aus der Werkstatt des Veit d.Ä. Hirsvogel, Nürnberg, unter Einfluß Albrecht Dürers. – 2. Fenster: Urban (ca. 1505), Nikolaus (ca. 1510/15), Wolfgang (ca. 1510/15), alle entworfen von Hans von Kulmbach wohl nach Dürer, ausgeführt in der Werkstatt Veit Hirsvogles d.J., Nürnberg. – Das Chorhauptfenster zeigt die Verkündigung im Rosenkranz (Englischer Gruß,

Südportal des Münsters zur Schönen Unserer Lieben Frau: Figurenwerk im Gewände um 1430, Vorhalle nach 1450 ▷

anderen Fakultäten. Treibende Kraft war wohl P. Fegeli a Seedorf als Präses. Baumeister war wohl Michael Anton Prunthaller, Stadtbaumeister und Collegi-Baumeister. Die Fassade verdankt römischen Bauten (Il Gesù) Anregungen.

1733 Stuckierung des Äußeren wohl durch Wolfgang Zächenberger. Im August Rohbau bis zur Dachhöhe gediehen.

1734/35 Stuckierung und Freskierung des Innern durch Cosmas Damian Asam und Egid Quirin Asam.

1736 Benedizierung am 1.7.

1749 Ölbilder der Stirnwand von Gottfried Bernhard Götz.

1752/53 Wandbilder.

1760 Hochaltar mit Altarbild Mariae Verkündigung von Franz Geiger aus Landshut (aus dem ehemaligen Kongregationssaal im Jesuitenkolleg) mit Figuren von Johann Michael Fischer aus Dillingen.

1708 Lepanto-Monstranz von Johann Zeckel aus Augsburg aus dem Oratorium der Bürgerkongregation Maria vom Sieg.

1804 Nach dem Weggang der Universität und der Akademischen Marianischen Kongregation zieht die Bürgerkongregation Maria vom Sieg in der an die Stadt Ingolstadt gelangten Kirche ein.

Der sehr helle doppelseitig belichtete Raum wird beherrscht durch das Deckenfresko Cosmas Damian Asams, das das „mysterium incarnationis dominicae“ im Geschehen der Verkündigung an Maria zum Thema hat. In höchster Sublimität wird gemäß dem Exerzitienbüchlein des hl. Ignatius, der großen Schule jesuitischer Spiritualiät, dieses Thema ins Bild gesetzt. Schon die Zeitgenossen Asams sahen in diesem Fresko den Gipfel seiner Kunst, Andreas Felix Oefele notierte: „Sol sein Meisterstuck seyn.“ Trotz schlichter Saalarchitektur gehört Maria de Victoria dank seiner Ausstattung zu den kostbarsten sakralen Innenräumen der Zeit.

Lit.: B. Rupprecht in: Ingolstadt II, S. 217-298, bes. S. 248-287. – S. Hofmann und G. Treffer, Cosmas Damian Asam. Maria de Victoria, Ingolstadt 1986. – S. Hofmann, Die Deckenfresken in den Oratorien der Akademischen Marianischen Kongregationen in Ingostadt, Dillingen und Augsburg – Eine Vorstudie, in: Sbl., 104. Jahrg. (1995), S. 109-182. – C. Kieser, „Künstliche Arbeit und schönste Gedanken“. Bild, Kult und Rhetorik: Die Lepanto-Monstranz in ihrem zeitgenössischen Kontext, in: Sbl., 104. Jahrg. (1995), S. 43-107.

Zu S. 4, 36: Altes Schloß („Herzogskasten“, jetzt Marieluise-Fleißer-Bücherei)

13. Jh. Bau der herzoglichen Burganlage im Südosteck der Planstadt des mittleren 13. Jahrhunderts mit nördlich anschließendem Burghof, der blockhafte, später stark vereinfachte Palas ist erhalten. Die Burg diente zunächst für den durch das Land „reisenden“ herzoglichen Hof. Die einstige Stockwerkseinteilung ist noch im Innern ablesbar, eine Wölbung ist nur in der östlichen Hälfte des Untergeschoßes erhalten.

14. Jh. Im 2. Jahrhundertdrittel Ausbau des Palas, die Giebel werden steiler und mit Lisenen belegt, an den vier Ecken einst aufgesetzte kleine Türmchen, deren Stümpfe an der Westseite noch vorhanden sind.

Nach der Landesteilung 1392 Residenz des Teilherzogtums Bayern-Ingolstadt. Durch den Bau der Neuen Veste mit Neuem Schloß ab 1418 im Südosteck der ab 1360 erweiterten Stadt wurde es zum „Alten Schloß“.

Lit.: P. Jaeckel, Herzogskasten und Neues Schloß, in: Ingolstadt I, S. 221-260.

Zu S. 36: Neues Schloß

Um 1418 Baubeginn des Neuen Schlosses unmittelbar nach der Rückkehr Herzog Ludwigs des Gebarteten aus Paris über Konstanz, wo er als Leiter der königlichen französischen Delegation am Konzil teilnahm.

1429/32 Ausweitung des Terrains der Neuen Veste unter Einbeziehung des noch im Schloßgelände erhaltenen Feldkirchener Tors von 1368, für das der Herzog 1434 als Ersatz das nicht mehr erhaltene neue Feldkirchener Tor zu errichten hat.

„Maria de Victoria“, ehem. Oratorium der Akademischen Marianischen Kongregation, 1732/35 ▷

1437 Am 10.11. Bestallung Oswald Otlingers als Pfleger in der Neuen Veste zur Burghut.

1438 Herzog Ludwig der Gebartete und sein Pfleger Otlinger weichen am 15.11. in den Auseinandersetzungen mit Herzog Heinrich dem Reichen von Bayern-Landshut und seinem eigenen Sohn Ludwig dem Höckrigen nach Neuburg aus.

1450 Herzog Heinrich von Bayern-Landshut, an den 1447 nach dem Tod Ludwigs des Gebarteten das Teilherzogtum Bayern-Ingolstadt gefallen war, gibt am 18.1. in einer Anweisung an Hans Hofmann, Rentmeister im Oberland, den Auftrag, daß man das Dach auf dem neuen Haus (das neue Schloß) ganz aufrichte und „unten" wölbe. Der Meister der Steinmetz- und Wölbungsarbeiten ist Hans Tichter. Die Baumaßnahmen betreffen die Wölbung der Dürnitz im Erdgeschoß, neue gehauene Steinfenster und eine Schnecke, wohl die große Wendeltreppe im Nordosteck.

1451 Das große Turnier auf Einladung Herzog Heinrichs des Reichen findet wohl im Hof der Neuen Veste statt.

1450/89 Ausbau des Neuen Schlosses (Palas) und Baumaßnahmen an der Gesamtanlage der Neuen Veste mit Bastei an der Donau und Nebengebäuden. Über den Baufortschritt orientieren die nur zum Teil erhaltenen Baurechnungen.

1476 Baumeister (Rechnungsführer etc.) ist nun Hanns Haunreuter, auch Hainrewter, Hans Tichter ist noch ausführender Meister, der aber bereits mit Meister Stephan Westholzer als oberstem Leiter abrechnet.

1481 Baumeister (Rechnungsführer) ist nun Heinrich Behem, auch Beheim, verantwortlicher Meister ist Stephan Westholzer.

1484 Die Wölbungsarbeiten werden fortgeführt (wohl im 1. Obergeschoß) noch unter der

Untere Kapelle im 1. Obergeschoß des Neuen Schlosses, rechts ursprünglich der Herzogsstuhl, um 1486 ausgebaut, Fresken Ende 15. Jahrhundert

„Stube des gnädigen Herrn" (Wohnraum des Herzogs) im 1. Obergeschoß des Neuen Schlosses, 1486 ausgebaut

Leitung der Genannten, die letzte Verantwortung trägt am Landshuter Hof Ulrich Besnitzer. Bedeutsam ist der Besuch Herzog Albrechts von Sachsen mit der „Herzogin", wohl der Herzoginwitwe Amalie. Nun wohl auch Ausstattung der „Kammer", des Schlafraums, mit der geschnitzten Decke im 1. Obergeschoß.

1486 Wölbungsarbeiten im 1.Obergeschoß, u.a. der Kapelle und des Raums mit der gedrehten Säule.

1487/88 Weiterer Ausbau u.a. mit „Täfelwerk" (Schreinerarbeit) im 2. Obergeschoß. Parlier Westholzers ist nun ein Meister „Endris", wohl Andre Straßkircher aus Burghausen.

1489 1. Quartal: Finanzielle Oberleitung: Zöllner Bernhard Stingelheymer, Baumeister: Heinrich Behaim (Verwaltung), Meister: Stephan Westholzer. 2. bis 4. Quartal: Finanzielle Oberleitung: Bernhard Stingelheymer, Oberleitung: Ulrich Beßnitzer, der konkret in Ingolstadt eingreift, „Baumeister" (Verwaltung: Heinrich Behaim), architektonische Leitung vor Ort: Stephan Westholzer.

1492 Finanzielle Oberleitung: Bernhard Stingelheimer, „Baumeister" („Hauspfleger": Christoph Haslbach, Bauleitung: Stephan Westholzer, konkrete Leitung vor Ort: Meister Andre von Burghausen).

1501 Leiter der Baumaßnahmen nun Meister Erhart, wohl Erhart Heidenreich, der ab 1509 am Ingolstädter Münster tätig sein wird.

1806/13 Im Zuge der Überlassung des Neuen Schlosses zur militärischen Nutzung Reduzierung der Giebelmauern, Dachsanierung, Abtragung der Türme bis zur Traufhöhe, um ihre Dächer mit dem Hauptdach zu vereinigen.

1965ff. Adaptierung des Neuen Schlosses für das Bayerische Armeemuseum, annähernde Wiederherstellung des Baubestands von 1806/13.

Lit.: P. Jaeckel in: Ingolstadt I, S. 221-260. – Ingolstadt an der Donau, S. 288-291 (dort ältere Literatur). – S. Hofmann, Die Baugeschichte des Ingolstädter Schlosses im Spiegel der erhaltenen Baurechnungen – Teil III, in: Sbl., 99. Jahrg. (1990), S. 173-202. – Ders. demnächst in: Sbl., 107. Jahrg. (1998). –

B. Schönewald, Eine Amtsrechnung des Zolls zu Ingolstadt aus dem Jahr 1467 (Neues Schloß), in: Sbl., 107. Jahrg. (1998).

Zu S. 37: Die Festung

Lit.: A. Frhr. v. Reitzenstein Die Festung Ingolstadt der Herzöge und Kurfürsten, in: Ingolstadt I, S. 261-294. – Ders., Die Festung Ingolstadt König Ludwigs I., in: Ingolstadt II, S. 359-395. – Leo von Klenze 1784-1864 (Kat. zu einer Ausstellung des Stadtmuseums), Ingolstadt 1992. – E. Aichner, Der Ausbau und die beginnende Auflassung der bayerischen Landesfestung Ingolstadt I-II, 1974. – S. Hofmann, 170 Jahre erfolgreiche Partnerschaft. Ein Streifzug durch die Geschichte von Ingolstadt, Umland und Sparkasse, Ingolstadt 1997.

Zu S. 37: Ingolstadt seit 1945

Lit.: E. Koller, Ingolstadt baut auf, Ingolstadt 1960. – Ders., Ingolstadt baut auf, II, Ingolstadt 1965. – Ders., Ingolstadt plant und baut, III, Ingolstadt 1971. – Ders., Ingolstadt plant und baut 1972-1982. – Ingolstadt, 1982 . – S. Hofmann, 170 Jahre erfolgreiche Partnerschaft, Ingolstadt 1997.

Literaturauswahl

Ingolstadt I und II: Ingolstadt. Die Herzogsstadt. Die Universitätsstadt. Die Festung, hrsg.v. Th. Müller und W. Reissmüller in Zusammenarbeit mit S. Hofmann, Bd. I und II, Ingolstadt 1974

Ingolstadt. Bilddokumente der Stadt Ingolstadt 1519-1930, hrsg.v. S. Hofmann und W. Reissmüller, Ingolstadt 1981.

Ingolstadt an der Donau: Ingolstadt an der Donau, hrsg.v. S. Hofmann und W. Reissmüller. Lichtbilder von F. Mader, Ingolstadt 1986

Sbl.: Sammelblatt des Historischen Vereins Ingolstadt, Ingolstadt, ab 1876

G. Dehio: Handbuch der Deutschen Kunstdenkmäler. Bayern IV: München und Oberbayern, München/ Berlin 1990

Dank

Die Neuausgabe dieses Führers ist dem Entgegenkommen von Frau Clara Müller zu verdanken. Ein ehrendes Gedenken gilt Herrn Prof. Dr. Theodor Müller, dem gebürtigen Ingolstädter und Träger des Ingolstädter Kulturpreises 1996.

Dr. Beatrix Schönewald

Dr. Siegfried Hofmann